# Bichon Maltés

Anna Katherine Nicholas

Dibujos por: Yolyanko el Habanero

HISPANO
EUROPEA

Título de la edición original:
**Maltese**

Es propiedad, 2012
© **Aqualia 03, S.L.**

© Fotografías: **Paulette Braun,
Isabelle Français, Greta Franklin, Carol Ann
Johnson** y **Bernd Brinkmann**

© Dibujos: **Yolyanko el Habanero**

© de la edición en castellano, 2017:
**Editorial Hispano Europea, S. A.**
Passeig del Ferrocarril, 335, 2º2ª
08860 Castelldefels - Barcelona (España).
E-mail: hispanoeuropea●hispanoeuropea.com

© de la traducción: **Zoila Portuondo**

Depósito Legal: B. 7877-2012

ISBN: 978-84-255-1702-0

**Quinta edición**

Consulte nuestra web:
**www.hispanoeuropea.com**

# Índice

## Conocer al Bichon Maltés

La figura de un perro que data del 8000 a. C., se cree que pudo haber sido el juguete de un niño y, sí, ilo ha adivinado!: parece tratarse de un Bichon Maltés.

El Bichon Maltés ha sido una apreciada mascota durante miles de años. Los canófilos de todas las épocas se han sentido atraídos por su delicada belleza y blanco pelaje ondulado.

Si es usted de esas personas que adoran las muñecas, entonces le encantará el Bichon Maltés porque es un perro que le gusta que le traten como tal y al que le fascina ser el bebé de la familia. Mientras más atención se le preste, más feliz se sentirá él. A aquellos que se interesan por la historia de Roma les interesará conocer que el emperador Claudio tenía uno de estos perros, y que es muy probable que fueran los romanos quienes llevaran a Asia los perros del tipo Bichon Maltés. Finalmente, llegaron a China, donde probablemente se relacionaron románticamente con esos seductores leoncitos que conocemos como Pequineses.

Cuando uno contempla imágenes muy antiguas no siempre resulta fácil reconocer de qué perros se trata, porque a muchos se les hacía el corte de león en el manto. Tal vez sea éste el lugar preciso para aclarar que no todas las imágenes antiguas que vemos con este tipo de corte representan a un Löwchen (como les gustaría creer a muchos amantes de esta raza); algunas de ellas probablemente representen Malteses. El Löwchen es una pequeña raza alemana a la cual también se le conoce como «Perrito León». De hecho, el Bichon Maltés también ha sido denominado de diferentes maneras a lo largo de los siglos, y una de ellas, la que nos interesa en este caso, fue «Perro León Bichon Maltés».

Otros nombres han sido *Ye Ancient Dogge of Malta* (Antiguo Perro de Malta), *Comforter* (Colcha), *Spaniel Gentle* (Noble Spaniel) y *Shock Dog* (Perro de Lanas).

No resulta raro encontrar objetos de la época precristiana adornados con la imagen de esta raza, conocida como «Dama Romana» en el Imperio Romano. Tanto entonces como ahora tenía mucho éxito con las mujeres. Los Malteses estuvieron es-

Los cachorros de Bichon Maltés tal vez sean los más graciosos del mundo. No es de extrañar entonces que muchos se enamoren de la raza a primera vista.

El Bichon Maltés es una raza bien establecida que disfruta de gran popularidad en todo el mundo. En muchos países pueden encontrarse Malteses muy hermosos, como este bello ejemplar de Alemania.

trechamente vinculados a la cultura egipcia, especialmente entre el 600 y el 300 a. C., cuando eran adorados como miembros de la familia real.

Si nos vamos a la antigua Grecia encontraremos que Aristóteles escribió sobre la raza alrededor del año 350 a. C., pero se han encontrado imágenes de este tipo de perro en vasos griegos de un siglo o más de antiguedad. Si está usted familiarizado con el arte italiano, puede que haya notado que muchos pintores renacentistas y prerrafaelistas incluían Malteses en sus obras de arte.

Así que es evidente que existe una confusión geográfica con relación al verdadero origen del Bichon Maltés, agudizada por el hecho de que existió una ciudad en Sicilia llamada Melitia, donde se encontraron perros llamados *Canis Melitei*. Aristóteles creyó que la raza provenía de Malta, y para aumentar aún más la confusión, Malta fue conocida en sus orígenes como isla de Melita.

Un prominente escritor de temas caninos que vivió en el siglo XIX escribió que el Bichon Maltés se encontraba no sólo en Malta sino también en otras islas mediterráneas, y que era muy cariñoso con sus amos pero aparentemente agresivo con los extraños. Otra teoría sobre su origen es que era una de las razas francesas miniatura originales. Realmente no se pone en duda que el Bichon Maltés está estrechamente emparentado con los perros bichones, incluyendo el Bichon Frisé, el Coton de Tulear, el Boloñés y el Habanero. Algunos han llegado a pensar incluso que el Bichon Maltés provenía del desierto de Gobi, debido al amor de la raza por el sol y el calor.

Indudablemente el Bichon Maltés se diseminó por el mundo gracias a los comerciantes que, a menudo, los cambiaban por otras mercancías, frecuentemente por seda china, lujo tan estimado que valía su peso en oro. A veces, para venderlos, se llevaban los perros a la costa, pero otras veces los dueños de las naves simplemente vendían los sedosos cachorros entre los pasajeros del propio barco.

Aunque la raza en ocasiones se ha llamado Maltese Terrier,

Al Bichon Maltés siempre se le ha relacionado con los mimados perros de la realeza, y muchos Malteses de hoy están sentados en el trono familiar.

no es en ningún modo el tradicional terrier madriguero. Tal vez la palabra «terrier» llegó a formar parte del nombre debido a la habilidad del Bichon Maltés para capturar roedores pequeños. De hecho, los Malteses eran famosos como cazadores de ratas y ratones en los almacenes portuarios y contenedores de los navíos de las ciudades marítimas del Mediterráneo. Sería difícil encontrar en la actualidad un Bichon Maltés capaz de ganarse la vida como un terrier de trabajo en una granja.

En 1650, un físico alemán escribió acerca de la raza, a la que describió como del tamaño de una comadreja del bosque. Es interesante observar cómo menciona que había ejemplares negros y blancos, y también rojos y blancos; estos últimos eran los más apreciados.

**El Bichon Frisé es el pariente más conocido del Bichon Maltés.**

Es penoso decir que, para mantenerlos pequeños, se les guardaba en cestos diminutos. Allí se les alimentaba con la comida más selecta, y sus lechos

glo XIX, y el libro de orígenes se comenzó en 1900.

Es probable que el Bichon Maltés haya llegado a Gran Bretaña con los romanos, aunque

El Boloñés, otra de las razas de bichones, proviene originalmente de Italia.

estaban tendidos con hermosas mantas de lana. No se sabe con certeza cuándo apareció la raza por primera vez en Alemania, pero ya estaba allí en el si-

algunos sostienen que no llegó hasta el reinado de Enrique VIII. Realmente, en Gran Bretaña hubo una gran demanda de la raza durante el siglo XIX. En

1859, se describía a una perrita blanca llamada Psyche como «una pelota de seda en movimiento». Pesaba algo más de un kilo, pero tenía un manto de más de 30 centímetros de largo. Era una raza miniatura muy conveniente para los pregoneros que vendían en las calles: cuando algún perro tenía manchado el pelo de la cara, los vendedores decían que era producto de las lágrimas, ¡de tanto llorar! ¡Qué inocentes eran los compradores de aquella época! Estaban casi tan desinformados como muchos dueños de perros de hoy, quienes están convencidos de que el perrito de la vitrina tiene los ojos tristes o el pelo enmarañado. Supongo que era algo parecido a las técnicas de venta empleadas por algunos comerciantes poco serios de la actualidad; pero aquella gente vendía pe-

El Habanero es la deliciosa contribución cubana a la familia de los bichones.

rros, ¡no frutas! Se supone que nuestros perros puedan estar más de una semana sin refrigeración ¡y no echarse a perder!

A medida que crecía la demanda de perros diminutos la gente deseaba Malteses cada vez más pequeños. Al conseguirlo, fue más difícil criarlos y les restaron vitalidad. Gran Bretaña importó perros más grandes de Europa continental y, con el tiempo, la raza volvió a su peso más normal de entre 2 y 4 kilos.

Los dueños que exhibían a sus Malteses en el siglo XIX les mantenían los pies traseros envueltos en bolsas lavables de piel para impedir que se rascaran y dañaran el cuerpo. Lamentablemente, cuando las usaban por largo tiempo, las bolsas les lastimaban los pies debido ¡a la alta temperatura!

Algunos dueños esforzados plegaban el pelo de sus perros, incluso lo hacen hoy en día. Se trata de un método de empaquetado que evita que el pelo

Todas las razas de Bichón tienen mantos magníficos, y el Bichon Maltés con sus blancas y largas guedejas es el vivo ejemplo de ello.

se quiebre. También se prestaba mucha atención a la dieta, y todo ello evidencia lo altamente apreciado que era el Bichon Maltés como perro de compañía. No obstante, también se ganó fama por ser un poquito arisco, de manera que muchos admiradores de la belleza del Bichon Maltés no se decidieron por tener uno.

A principios del siglo XX, el Bichon Maltés tenía aún sus seguidores en Gran Bretaña, pero durante la Primera Guerra Mundial, a principios del siglo pasado, se restringió la cría y el Club Londinense del Bichon Maltés se disolvió. Se consideraba que no quedaban Malteses en la isla de Malta, pero se importaron unos cuantos del continente y se recuperó la raza. Hacia 1934

se fundó el Club del Bichon Maltés y, desde entonces, se ha convertido en uno de los perros más populares del Grupo de Perros Miniatura del English Kennel Club (la asociación nacional canina rectora de Gran Bretaña).

En Estados Unidos, el American Kennel Club (AKC, la asociación nacional canina rectora de este país) aceptó la raza en 1988, pero ya antes de eso había aparecido en exposiciones dentro de la clase Miscelánea, bajo el nombre de Perro León Bichon Maltés. De hecho, en la primera exposición del Westminster Kennel Club, la exposición más prestigiosa de Estados Unidos, compitió un Bichon Maltés. La raza ganó popularidad y, durante la Primera Guerra Mundial, se registraron casi 200 perros; para los años en que se había alcanzado la paz, varios criadores de la raza se hicieron prominentes. Lamentablemente, durante la Segunda Guerra Mundial hubo un severo declive en el número de ejemplares pero aun así la raza sobrevivió. A medida que pasaron los años, se introdujo sangre nueva del extranjero. La Asocia-

A la cabeza de los perros miniatura, con su resplandeciente manto blanco y chispeantes ojos oscuros, el Bichon Maltés ha conquistado adeptos en todo el mundo.

ción Estadounidense del Bichon Maltés se fundó en 1961, y su primera Exposición Especializada Nacional se celebró el día de San Valentín de 1971. Ya para entonces el Bichon Maltés había cosechado un buen número de admiradores.

En la actualidad es uno de los perros miniatura más populares registrados en el AKC, en el English Kennel Club y en la FCI (Federación Cinológica International), y ciertamente se cuenta entre los más conocidos perros de exposición.

## CONOCER AL BICHON MALTÉS

### Resumen

■ El Bichon Maltés es un perro antiguo cuyo país de origen es aún tema de discusión y causa de confusión.

■ Es una de las razas de bichones, grupo de pequeños perros de compañía famosos por sus bellos pelajes.

■ Ha sido conocido en el mundo durante siglos y se ha diseminado por diferentes países viajando con los comerciantes.

■ Ha tenido larga fama de ser una mascota mimada, muy apreciada por sus admiradores.

■ Pertenece al Grupo de Perros Miniatura o de Compañía, dentro del cual es uno de los más populares en todo el mundo.

## Estándar y descripción de la raza

El Bichon Maltés es un perro miniatura, una pequeña mascota inteligente y vivaracha, muy alerta en todo momento.

Su carácter dulce y complaciente, junto a su pelaje elegante, blanco, largo y sedoso, así como su manera orgullosa de llevar la cabeza, hacen de él una fiesta para los amantes de la raza. En los Malteses adultos el pelo alcanza el suelo y la emplumada cola la llevan con gracia sobre el dorso. Esta raza no tiene pelo interno porque su capa es simple. El cerquillo se le recoge en uno o dos moños (o tupés), según el país. En conjunto, el Bichon Maltés es un perro muy atractivo y una recreación para la vista.

Es armónico, esencialmente corto y bajo, con costillas bien arqueadas y línea dorsal plana desde la cruz hasta la cola. Tiene patas cortas, hombros bien inclinados y patas traseras bien anguladas. Si las patas delanteras son rectas, estos rasgos se com-

El dulce temperamento y pequeño tamaño del Bichon Maltés lo convierten en una mascota ideal para las personas de todas las edades, niveles de actividad y modos de vida, ¡siempre y cuando los dueños tengan mucho amor para dar!

binan en un movimiento recto y fluido, en el cual las patas no se tuercen hacia dentro o hacia fuera cuando el perro se acerca hacia uno.

La textura del pelaje en el Bichon Maltés cachorro es muy diferente a la del adulto. A medida que madura, el manto del cachorro se va convirtiendo en sedosas guedejas.

Aunque el manto del Bichon Maltés es considerado tal vez como su más glorioso atributo, no puede negarse que su cabeza y expresión son absolutamente atractivas. Existe una proporción de equilibrio entre la punta de la trufa y el stop, y entre éste y el centro del cráneo. El stop, esa pequeña depresión entre los ojos, donde el cráneo se une con el hueso nasal, está bien definido en el caso del Bichon Maltés, cuyo hocico no es cortante sino ancho y bien lleno bajo los ojos.

La trufa debe ser genuinamente negra, haciendo juego con las almohadillas plantares de los redondos pies. La trufa negra está en armonía con la pigmentación igualmente negra de los bordes de los párpados, que enmarcan unos ojos redondos, pero no protuberantes, de color pardo oscuro. Los ojos del Bichon Maltés son, repetimos, redondos y muy oscuros, con el borde de los párpados de color negro.

El Bichon Maltés tiene un cerquillo impresionante. Sus oscuros ojos y negra pigmentación producen un llamativo contraste con la blancura de su pelo.

# BICHON MALTÉS

El Bichon Maltés presenta mordida de tijera, regular y completa, lo que significa que los dientes superiores se superponen estrechamente a los inferiores; aunque también aparece en la raza la mordida de pinza. Los bordes de los labios han de ser totalmente negros.

El color del Bichon Maltés es blanco puro, pero hay ciertos perros que muestran matices de color. Lo que es permisible difiere ligeramente de acuerdo con el país y el estándar racial que se esté usando. No son del todo raras las marcas color limón o fuego claro, pero no son deseables en los perros de exposición. El pelaje debe ser blanco puro aunque un tinte marfileño claro no debe ser considerado indeseable. De acuerdo con el estándar europeo de la raza, «se toleran las sombras de matices naranja claro, pero no son de-

A muchos Malteses de compañia se les hace el corte de mascota, es decir, se les recorta el pelo de manera simpática y fácil de mantener. El corte de pelo de este perro ha sido realzado con un simpático pañuelo.

seables y constituyen una imperfección».

Por último, hablemos de la altura, que no debe exceder de los 25 centímetros a la cruz. El perro no debe pesar más de 3 kilos, aunque se prefiere que pese entre 2 y 4. El estándar del AKC también señala que debe priorizarse la calidad integral sobre la talla. Las hembras pueden pesar hasta 1 kilo menos que los machos. Los Malteses europeos pueden pesar más de 3 kilos, algunas veces llegan a pesar hasta 4. Puede que no parezca mucha la diferencia, pero en un perro de 3 kilos, eso significa ¡un 30% más!

## ESTÁNDAR Y DESCRIPCIÓN DE LA RAZA

### Resumen

■ El rasgo más distintivo del Bichon Maltés es su pelaje largo y sedoso, que alcanza el suelo, y su cola bellamente emplumada, la cual porta con mucha gracia.

■ Es un perro pequeño y bien proporcionado que se mueve fluidamente.

■ La cabeza y la expresión del Bichon Maltés son rasgos importantes. Todos los detalles de la cabeza, incluyendo los oscuros ojos y la pigmentación negra, contribuyen a darle esa encantadora y dulce expresión.

■ No debe sobrepasar los 25 cm a la cruz. El peso varía de acuerdo con el país, pero incluso el Bichon Maltés más pesado no sobrepasa los 4 kilos.

## ¿Es la raza adecuada para usted?

**S**i es usted la persona adecuada para el Bichon Maltés tendrá, probablemente, un carácter tan dulce y complaciente como el de su perro, y ha de ser muy lista ¡para que él no la aventaje en inteligencia!

El Bichon Maltés adora que le quieran, así que podrá concederle todo el cariño que su generoso corazón le permita. Si es usted una persona divertida tendrá mucho en común con el Bichon Maltés, el cual, debido a su talante travieso, resulta un compañerito enérgico dotado de gran sentido del humor. Se trata de un perro con algo que le hace asumir, frecuentemente, esa expresión de cierta autosatisfacción, prácticamente irresistible.

Su Bichon Maltés se sentirá feliz de acompañarle en sus paseos diarios, pero si se propone pasearlo en días lluviosos y sucios, prepárese para una larga sesión de acicalado al regresar a casa. Es probable que al Bichon Maltés no le

Lo pequeño y portátil de la raza es una gran ventaja, porque a la mayoría de los dueños de Malteses les gusta estar con sus perros todo el tiempo posible.

guste tanto pasear bajo la lluvia como cuando hace buen tiempo. Sí que le encantará que usted quiera jugar con él alrededor de la casa o en el patio. Incluso las razas miniatura necesitan ejercicio y mucha actividad para estimular sus activos cerebros.

Usted y su Bichon Maltés desarrollarán una relación más estrecha, y verá cómo su angélico y blanco compañero se vuelve más cariñoso. Es un personaje muy discriminatorio que ¡no desparrama besos y lamidos sobre cualquiera! Si llega a su casa una hueste de visitantes inesperados, no espere que su perro les muestre el mismo afecto que a usted. Como individualista, el Bichon Maltés no se entrega rápidamente a los extraños; deberá entenderlo así, y aceptar sus preferencias y desagrados.

Si es usted una persona limpia a quien le gusta estar bien arreglada y mantener su casa impecable, apreciará la pulcritud del Bichon Maltés, raza pequeña pero quisquillosa. Para él es como si llevara puesto ¡un abrigo blanco! Claro, si a usted le gusta la peluquería, el Bichon Maltés

El Bichon Maltés es tan lindo como una pintura, e igual de bello en la vida real.

El Bichon Maltés es verdaderamente irresistible. ¿Cómo podría negarse esta dama de la foto a mostrar a su querido Bichon Maltés todo el amor que le inspira?

es la raza perfecta para usted, porque así tendrá la posibilidad de emplear incontables horas bañándolo, secándolo y acicalándolo. Ambos, usted y el perro, podrán disfrutar de su mutua compañía durante las sesiones de acicalado. Será el momento apropiado para las confesiones íntimas, y tenga la seguridad de que él ¡no revelará sus secretos! De lo analizado hasta el momento, habrá colegido que su Bichon Maltés da por sentado, casi de manera absoluta, que usted lo mantendrá dentro de la casa ¡y no en una perrera!

A los niños les encantará el Bichon Maltés, y probablemente él les devolverá el mismo afecto, pero hay que enseñarles a tratarlo con respeto. Se trata de un perro diminuto al que puede lastimarse fácilmente tirándole del pelaje. Algunos niños son más alborotadores que otros, así que preocúpese por el bienestar de su perro cuando los hijos de sus amigos (o sus amigos niños) vengan de visita.

Aunque Malteses como estos no deben ser confundidos jamás con juguetes, sí pueden ser objetos de colección. El Bichon Maltés es una elección común tratándose de aquellos que cuentan con el tiempo y el espacio suficiente para albergar varios perros.

Además de la jaula, su Bichon Maltés apreciará que le proporcione un lecho suave y cómodo donde poder acurrucarse.

Los niños pueden hacer mucho ruido y, por lo general, los Malteses pueden soportarlo, probablemente mejor que usted. No obstante, su perro debe tener siempre la oportunidad de retirarse del caos de la vida diaria cuando así lo desee, y si usted es aficionado a la música clásica suave, él también apreciará un poco de música. Una simple jaula metálica servirá al Bichon Maltés como retiro ideal, además de ser una excelente herramienta para el adiestramiento. Como su Bichon Maltés tendrá seguramente que quedarse solo en la jaula durante breves periodos de tiempo, cuando usted va de compras, por ejemplo, es recomendable que le deje la radio encendida. Cualquier programa que combine conversación y música suave es una buena opción para evitar la sensación de soledad.

Como usted, indudablemente, ama a los animales, puede que tenga otras mascotas en casa. Si tal es el caso, tendrá el sentido común de hacer las presentaciones de manera cui-

El Bichon Maltés es pequeño pero tiene suficiente alegría y energía como para llevar el paso de los niños. Claro que, debido a su tamaño y delicadeza, todos los juegos con niños deben ser supervisados, y a éstos debe enseñárseles a tratar correctamente al Bichon Maltés.

dadosa, teniendo siempre presente que el recién llegado pertenece a una raza miniatura. El Bichon Maltés es un personajillo fuerte, ¡pero no tan robusto como un Pastor Alemán o un Rottweiler! El éxito de estas presentaciones dependerá más del temperamento de sus otras mascotas porque el Bichon Maltés está casi siempre preparado para sociabilizarse con la mayoría de los animales. Cuando haya escogido a sus más cercanos amigos, establecerá con ellos una relación verdaderamente sincera, igual que la de usted con él.

## ¿ES LA RAZA ADECUADA PARA USTED?

### Resumen

■ La persona adecuada para el Bichon Maltés busca un compañero canino, dulce y hermoso a la vez, a quien brindarle mucho afecto.

■ La persona adecuada para el Bichon Maltés desea un perro miniatura con una naturaleza vibrante y encantadora, que esté listo lo mismo para relajarse que para jugar.

■ La persona adecuada para el Bichon Maltés está lista para comprometer su tiempo haciendo el esfuerzo necesario para acicalar a su perro, ya sea con el manto completo o el corte de mascota.

■ La persona adecuada para el Bichon Maltés garantiza la seguridad de su perro asegurándose de que los demás sepan cómo tratarlo y conducirse con él adecuadamente, además de supervisar su interacción con otros animales.

## Selección del criador

# Es un perro extraordinariamente bello, de temperamento dulce y complaciente.

Es muy apreciado en la mayoría de los países del mundo, especialmente en Estados Unidos, donde la raza ocupa un alto lugar en la nómina de nuestros perros miniatura favoritos. Para adquirir un buen Bichon Maltés puede que tenga que rastrear un poco porque los buenos criadores casi nunca tienen cachorros disponibles justo en el momento en que uno lo desea. De modo que lo mejor sería que hiciera las averiguaciones con cierta antelación para que pueda anotarse en una lista de espera. Es posible que encuentre un buen criador que tenga algo disponible de momento pero, especialmente si desea un cachorro para exposición, debe estar preparado para esperar. A diferencia de las razas grandes como el Dogo Alemán y el Bloodhound, cuyas camadas pueden

Los Malteses suelen tener camadas pequeñas, por eso los dueños potenciales tienen que ser pacientes mientras esperan por el cachorro perfecto.

ser de más de 16 cachorros, las del Bichon Maltés pueden reducirse a uno solo. Esa camada esperada durante tanto tiempo por el criador podría satisfacer a un solo comprador.

Los posibles compradores de cachorros deben tener siempre presente que hay muchas clases diferentes de criadores, algunos trabajando por los intereses de la raza y otros menos esforzados. Es esencial localizar un criador que, además de tener los perros que admiramos, también posea una ética de crianza que podamos compartir. Lamentablemente, en todas las razas existen personas que están en ellas sólo por dinero, y debería protegerse de ellas. Un cachorro de Bichon Maltés que no está bien criado produce una imagen verdaderamente lastimosa. Si el cachorro que esté considerando no se parece a los angelitos que aparecen en este libro, siga buscando. Aun sin interesarle un perro para exposición, usted se ha decidido por el Bichon Maltés para tener un hermoso, encantador y sano compañero hogareño. No se conforme con menos.

Es difícil saber quién es quién en esta camada de perrillos recién nacidos, por eso, para distinguir las hembras de los machos, el criador les ha puesto cintas azules y rosadas.

Si aspira a presentar a su Bichon Maltés en exposiciones, deje que el criador le aconseje sobre el cachorro más prometedor. Aunque nadie puede predecir con seguridad la calidad futura de un perro, sus conocimientos pueden ser valiosos para guiarle en la dirección correcta.

Hay muchos criadores buenos, de modo que si busca cuidadosamente, encontrará a la persona adecuada. Debe comprobar, hasta donde le sea posible, que el criador entiende bien a la raza, y que ha meditado al detalle el cruzamiento que produjo el Bichon Maltés al cual usted aspira, teniendo en cuenta no sólo los pedigrees de los respectivos padres, sino también su estado de salud. El club de la raza es una fuente de confianza en cuanto a referencias sobre criadores porque sus miembros deben atenerse a un código de ética estricto en sus programas de cría.

El criador que elija debería ser de los que siguen el método de crianza doméstico, es decir, que los cachorros se crían en casa y están por eso acostumbrados a las actividades y ruidos del entorno. Incluso los criaderos más grandes crían los cachorros de Bichon Maltés dentro de casa. En mi opinión personal, es infinitamente mejor que criarlos en una perrera, particularmente cuando se trata de razas pequeñas como la que nos ocupa.

Al margen del tamaño del criadero, lo importante es que los cachorros se críen en condiciones adecuadas. Todas las áreas deben estar limpias, y los cachorros bien atendidos dentro de un entorno apropiado. Deben verse en óptimas condiciones y tener buenos temperamentos, mostrando mucha alegría y confianza.

El criador debe estar en perfecta disposición de presentarle a la madre; cuando lo haga, observe su temperamento y la manera en que se relaciona con sus pequeñuelos. Si no es posible ver a la hembra, eso podría indicar que el cachorro no ha nacido en aquel lugar y que ha sido traído allí para su venta. No compre ningún cachorro al criador que no tenga a la madre a la vista. Si le dice que la perra ya está de nuevo «haciendo campaña para exposición», sonría y márchese. Ninguna perra, después de parir, está lista para ir a exposiciones, sobre todo si pertenece a una raza de pelo largo.

En cuanto al macho, es probable que no se encuentre en el criadero, ya que puede pertenecer a otra persona. Los

No es necesario decir que el amor que siente el criador por el Bichon Maltés debe ser absolutamente evidente.

criadores meticulosos recorren a menudo grandes distancias para utilizar los servicios de determinado semental. No obstante, este tipo de criador podrá mostrarle, al menos, una fotografía del padre de los cachorros y una copia del pedigree, sin contar lo que pueda decirle acerca de él.

Una de las mayores responsabilidades del criador es ayudar a los cachorros en el proceso de destete, e iniciarlos en una buena dieta que les aporte la nutrición óptima necesaria en este período crucial de crecimiento.

Un criador bien seleccionado será capaz de guiar extensa y prácticamente al nuevo dueño dándole consejos sobre el acicalado y la alimentación del perro. Incluso algunos dan a los nuevos dueños una cierta cantidad de la comida que han estado dando a los cachorros, cuando vienen en busca del suyo. En cualquier caso, el criador siempre debe proporcionar información escrita sobre el tipo y la cantidad de comida exactos que debe comer el cachorro, y con qué regularidad. Claro que con el tiempo usted podrá cambiarle el alimento por otro, pero todos los cambios han de ser graduales.

También es necesario que el criador le informe acerca de las vacunas que ha puesto al cachorro, si tal es el caso, que le entregue toda la documentación pertinente en el momento de la venta, y que le dé detalles del programa de desparasitación. Pídale los documentos de registro, el pedigree, el contrato de venta y las garantías de salud. Son peticiones razonables por parte del comprador. Muchos criadores también proporcionan al cachorro una cobertura de seguro temporal. Es buena idea, ya que el nuevo dueño puede decidir luego si va a continuar o no amortizando la póliza.

## SELECCIÓN DEL CRIADOR

### Resumen

■ No es difícil encontrar un criador de Malteses; lo difícil es encontrar un criador serio y responsable, experto y esforzado, pero es al único al cual debería usted comprarle un cachorro.

■ Prepárese para esperar por el criador y el cachorro adecuados.

■ Cuando visite al criador, observe las instalaciones, conozca a los padres de la camada –a la madre, por lo menos– y observe a los cachorros. Vaya preparado con preguntas para el criador.

■ De la misma manera, el criador tendrá mucho que preguntarle. Es señal de que verdaderamente se preocupa por el futuro de sus cachorros.

■ Escoja un criador con el cual tenga empatía, porque él será una valiosa fuente de ayuda durante toda la vida de su Bichon Maltés.

## Elegir el cachorro adecuado

**N**o cabe ninguna duda de que el cachorro de Bichon Maltés es absolutamente encantador, con ese suave manto blanco que no aún alcanza el suelo pero que nos inspira el deseo de abrazarlo y amarlo.

Sin embargo, no debe olvidar que este cachorrillo encantador llegará a convertirse en un perro de largo pelaje, tanto, que topará con el suelo. Ello conlleva mucho cuidado y atención, así que, por favor, no se deje seducir por la suave pelusa del cachorro.

Un cachorro sano deberá impresionarle por su limpieza y por la ausencia de secreciones en los ojos y la trufa. La parte trasera debe estar impoluta, sin rastros de diarrea, evidentes en el blanco pelo del Bichon Maltés. Aunque las uñas de todos los cachorros pueden ser agudas, no deben estar demasiado largas porque eso daría a entender que el criador no se las ha recortado como debería. La mayoría de los criadores recortan las

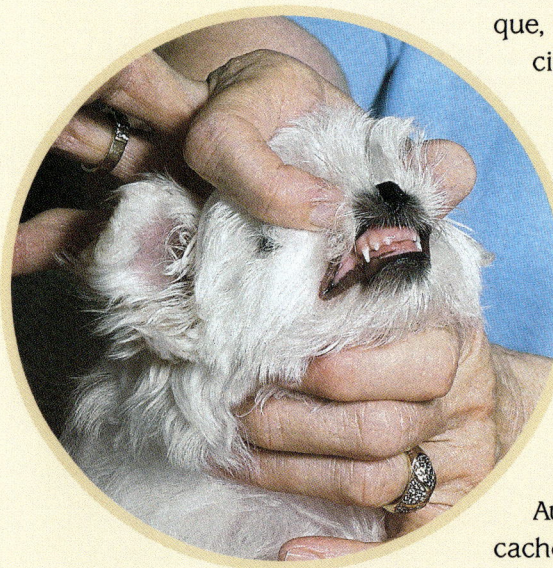

Aunque la mordida del cachorro se transforma a medida que crece, usted deberá examinarle la boca para comprobar si los dientes están bien alineados, lo que garantizará el cierre en tijera en la madurez.

uñas a los cachorros para que no arañen a su madre y hermanos mientras lactan y juegan.

El pelaje debe estar en excelentes condiciones, sin nudos, enredos, ni señales de parásitos. Las pulgas y los piojos no siempre pueden verse a simple vista, pero sabremos de su existencia por la manera en que el cachorro se rasca. Las erupciones también son visibles, aunque el rascado no siempre evidencia un problema dérmico o la presencia de parásitos, ya que puede estar también asociado a la dentición. En este caso, el cachorro sólo se rascará la zona de la cabeza, y cuando haya brotado el segundo juego de dientes, ya no lo hará más porque no le dolerán las encías.

El hecho de rascarse también puede estar vinculado a una infección en los oídos; eche una ojeada a las orejas del cachorro para comprobar si hay o no cerumen y mal olor. No debe haber olor alguno. Claro que un buen criador habrá comprobado que el cachorro está en buenas condiciones de salud antes de ponerlo en venta.

Con todas esas dulces caritas mirándole, ¡no va a ser fácil escoger una!

El contraste entre los oscuros ojos y el blanco pelo crea una imagen efectista que otorga a la inquisitiva expresión de los cachorros jóvenes cierta impresión de seriedad.

Cuando encuentre el cachorro que encaja perfectamente con usted, ¡lo sabrá de inmediato!

Indague sobre los últimos requisitos de exámenes que demanda la raza para localizar posibles problemas heredables. Los criadores analizan a sus «pies» de cría (sementales y hembras reproductoras) para comprobar si están libres de los problemas hereditarios que afectan a la raza. Algunos de los más frecuentes en muchos perros de pura raza son la atrofia progresiva de la retina, la displasia del codo y la cadera, la luxación de la rótula y la epilepsia, aunque no todos ellos aparecen documentados en el Bichon Maltés. Cualquier club de aficionados al Bichon Maltés puede asesorarle en cuanto a los problemas que preocupan a los criadores de la raza para que pueda analizar, con el que finalmente elija, los exámenes que haya efectuado a sus «pies» de cría. Usted, por su parte, debería pedirle ver los certificados escritos de los resultados de las pruebas; observe las fechas en que fueron realizadas.

La mayoría de los cachorros son desenvueltos y alegres, por eso no debe compadecerse del excesivamente tímido que se refugia en un rincón. Su cachorro debe disfrutar abiertamente su compañía cuando vaya a hacerle la visita, y eso contribuirá al establecimiento de un lazo duradero entre los dos. Cuando vaya a escoger su cachorro hágase acompañar, de ser posible, por aquellos de entre sus familiares que vayan a pasar más tiempo en la casa con él. Es esencial que todos los miembros de la familia aprueben la importante decisión que está a punto de tomar porque un cachorro, inevitablemente, cambiará la vida de todos.

Pero antes de permitir que un cachorro ingrese en su vida familiar, deberá haber investigado concienzudamente la raza. Los libros sobre el Bichon Maltés, Internet y los folletos que emiten los clubes especializados son fuentes útiles a nuestra disposición, para responder todos sus interrogantes acerca de la raza. Los clubes especializados son ciertamente una importante fuente de ayuda e información. Algunos clubes publican boletines mensuales o trimestrales e, incluso, libros sobre los campeones, de modo que puede revisarlos para ver cómo lucían los famosos antepasados del cachorro que piensa adquirir. Puede suscribirse a una de las revistas caninas mensuales o intentar comprarla en la tienda para mascotas de la localidad. Es necesario suscribirse a los semanarios de las exposiciones, o puede adquirirlos en los propios eventos.

Hay que ser particularmente cuidadoso cuando se busca in-

formación en Internet sobre la raza o los criadores. ¡Le recomiendo que no crea todo lo que lee! En nuestros días cualquier persona puede tener un sitio en la red y escribir allí lo que mejor le parezca, aun cuando no tenga los conocimientos necesarios para hacerlo. Aténgase a fuentes de confianza como el club local o nacional de la raza, la sociedad canina de su país o la de cual-

¡Mira mi barriguita! Los cachorros de Bichon Maltés desbordan personalidad y buen humor.

quier otro país y sus criadores afiliados.

Por último, no sería mala idea que se convierta en miembro de por lo menos un club especializado. Allí conocerá a otros aficionados a la raza y se enterará de los eventos dedicados exclusivamente a ella, en los cuales, a lo mejor, le gustaría participar. Todo esto le brindará más oportunidades para aprender nuevas particularidades sobre el Bichon Maltés.

## ELEGIR EL CACHORRO ADECUADO

### Resumen

■ Todos los cachorros de Bichon Maltés son adorables, con sus ojos chispeantes y pelajes de blanca pelusa, pero debe ir más allá de todo eso hasta encontrar uno que esté sano y correcto, física y temperamentalmente.

■ Todos los cachorros de la camada deben verse sanos, pero el criador debe mostrarle la documentación que certifica que ambos progenitores han sido examinados y están libres de enfermedades hereditarias.

■ Pase algún tiempo con la camada para que conozca la personalidad de cada cachorro. El consejo del criador puede también orientarle para hacer una buena selección.

■ Antes de elegir el cachorro habrá investigado suficientemente la raza; no descuide su educación cuando lo haya traído a casa.

## Llegada a casa del cachorro

**S**i bien es cierto que esperar por el cachorro de Bichon Maltés puede parecerle una eternidad, ese tiempo puede usarlo para preparar su llegada.

Se va acercando el momento de ir a recogerlo y, para ese día especial, deseará tenerlo todo listo hasta donde sea posible. Como se trata de una raza de pelo largo, necesita comprar utensilios para el acicalado, sobre todo si planifica llevar el cachorro a exposiciones.

Se supone que habrá tenido la oportunidad de ver y elegir su cachorro antes de la fecha de la recogida. Si tal es el caso, habrá podido analizar con el criador qué necesita el perro para llevar adelante una vida saludable, segura y feliz.

En dependencia del lugar donde viva, posiblemente tenga fácil acceso a uno de los grandes mercados de productos para mascotas o a una buena tienda particular. Muchas tiendas pequeñas tienen como propietarios a personas experimentadas en

Necesita un equipo básico de acicalado para el nuevo cachorro. Como pasará mucho tiempo acicalándolo a lo largo de su vida en común, lo sensato es comenzar a acostumbrarlo al procedimiento al cabo de unos días de su llegada, cuando ya se haya adaptado a su nuevo hogar.

asuntos caninos, y suelen tener un amplio surtido de artículos; estas personas, probablemente, serán capaces de aconsejarle sabiamente sobre los accesorios que necesita adquirir. Las exposiciones caninas más importantes también tienen, por lo general, muchos mostradores de venta de artículos para perros que cubren todas las necesidades imaginables, donde es casi seguro que disponga de un surtido de primera línea en donde escoger.

Empecemos por el equipo de acicalado que necesita el cachorro de Bichon Maltés. Comprenda que, a medida que el perro crezca y el pelaje vaya demandando mayores cuidados, tendrá que añadir otros artículos. Pero, en esta primera etapa, lo principal es un cepillo de cerdas suaves y un buen peine. Además, debe contar con elásticos dentales diminutos para sujetarle el pelo de la cabeza. También, va a necesitar un cortaúñas. Es posible que tenga en casa algodón en motas, y toallas.

Es importante considerar el lugar donde va a dormir el cachorro, pero elija un lugar defi-

Cuando se separe por primera vez de sus hermanos, el cachorro se sentirá solo. Bríndele mucho amor, y ayúdelo suavemente a hacer la transición hacia su nueva familia.

Tenga presente la pequeña talla del Bichon Maltés y el tamaño de sus dientes cuando elija los juguetes de mordisquear apropiados para él.

nitivo. Es natural que el recién llegado se muestre inquieto durante las dos primeras noches, o algo así, pero si la pobre criatura le va a dar lástima y le permite dormir en su alcoba, él va contar con quedarse allí ¡para siempre! Por eso es esencial que el colchón que elija para él sea el adecuado, así podrá descansar tan cómodamente como sea posible en el lugar que usted le haya destinado.

El lugar designado para él, por su propia seguridad y para facilitar la educación básica y los cuidados generales, debe ser la jaula. Una jaula pequeña satisface perfectamente las necesidades del Bichon Maltés. Dentro, le puede colocar una suave almohada o alfombrilla, algo fácil de lavar, porque será inevitable que el cachorro se orine dentro de la jaula durante las primeras semanas. Además, debe destinarle una camita donde pueda descansar mientras hace compañía a la familia. Las de mimbre pueden lucir preciosas pero resultan peligrosas si los cachorros las muerden porque las puntas filo-

**Una jaula pequeña será suficiente para acomodar al Bichon Maltés en su etapa de cachorro y luego como adulto. Ponga su mejor empeño en hacerle cómoda la jaula con la ayuda de un cobertor suave, juguetes y todas las otras comodidades que la conviertan en un hogar dentro del hogar.**

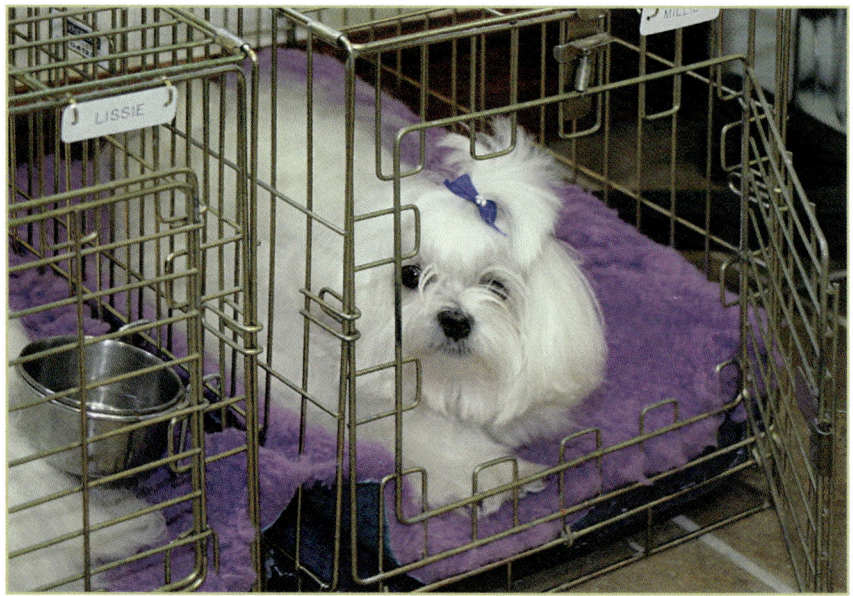

sas del tejido desgarrado pueden fácilmente dañarle los ojos, tragárselas o enredársele en el pelo. Es mejor comprar un lecho duradero que pueda lavarse o limpiarse con un paño. Se viste con un cómodo y suave colchón

Aunque pequeño, el Bichon Maltés es una raza activa que puede realizar toda clase de travesuras. Los artículos domésticos podrán parecerle inofensivos a usted, ¡pero un tapete colgando de una mesilla llena de adornos

No tiene sentido adquirir accesorios sofisticados que se echarán a perder con los orines y las heces; cómprelos cuando ya el cachorro haya completado su educación básica. Este Bichon Maltés se acurruca con un amigo de peluche en su propia camita canina de cuatro soportes.

que pueda lavarse frecuentemente, porque es importante que toda la ropa de cama del perro se mantenga limpia y seca. También debería elegir una cama ligeramente separada del suelo, o colocada de manera que evite las corrientes de aire.

delicados está convocando al problema! Más peligrosos aún son los cables eléctricos, así que colóquelos fuera de su alcance. Los diminutos dientecillos del cachorro pueden atravesarlo casi todo con facilidad y provocar accidentes fatales. Otra precaución a tener en cuenta se refiere a los productos domésticos de limpieza y a los de jardinería. Muchos contienen sustancias venenosas, así que póngalos fuera del camino de la tentación. Los anticongelantes son particularmente dañinos. Les sabe bien a los perros, pero una cantidad mínima puede matarlos en un instante.

Cuando el cachorro llegue a la nueva casa por primera vez, es natural que usted esté emocionado y desee mostrárselo a sus amigos. Pero él está pasando por un enorme cambio en su corta vida, de modo que los dos o tres primeros días es mejor pasarlos tranquilamente en casa con los familiares cercanos. Cuando él se haya adaptado y ya conozca el nuevo entorno, entonces podrá presentarlo a mucha gente nueva. Si tiene niños pequeños, o si le visitan, supervise siempre cuidadosamente el tiempo que pasan en compañía del cachorro. A los chicos suele atraerles el pelaje del Bichon Maltés y con sus dedos pueden tirarle fácilmente del pelo y dañar al cachorro, incluso con las mejores

El cachorro usa su boca para explorar y puede ser muy ágil recogiendo cosas del suelo. Por su propio bien, las únicas cosas que debería morder son la comida, las golosinas y los juguetes que usted le proporciona.

intenciones. A los niños hay que enseñarles cómo tratar a los perros miniatura y hacerles saber que no son juguetes.

Si hay otras mascotas en la familia, las presentaciones deben hacerse gradualmente y bajo estrecha supervisión. La mayoría de los Malteses se lleva bien con otros animales pero usted debe ser siempre precavido hasta convencerse de que todos los implicados van a ser los mejores amigos del mundo. No olvide que el Bichon Maltés es diminuto, y los perros de mayor tamaño pueden resultar demasiado rudos para él, incluso en medio de un juego amistoso.

## LLEGADA A CASA DEL CACHORRO

### Resumen

■ Antes de traer el cachorro a casa, prepárese para recibirlo. Tenga todos los accesorios a mano.

■ Defina un área apropiada para que el cachorro duerma y hágalo dormir en ella desde la primera noche.

■ Todos los perros son curiosos y muy capaces de meterse en problemas, así que la mejor manera de proteger la casa y el cachorro es eliminar todos los peligros potenciales dentro y fuera del hogar.

■ No abrume al cachorro los primeros días. Preséntelo a todos gradualmente y déjelo que se aclimate.

Primeras lecciones

# Cualquier cachorro pequeño necesita tiempo para adaptarse a un entorno nuevo, y el Bichon Maltés no es la excepción.

Después de todo, su diminuto cachorro está ingresando a un mundo desconocido y extraño donde todo le es ajeno. Olores, sonidos e imágenes son todos diferentes para él, de modo que cuando el pequeño llegue a casa lo primero es acostumbrarlo a los miembros de la familia y darle tiempo para familiarizarse con el nuevo ambiente. Inspírele confianza para así ayudarle con la primera sociabilización. Muy pronto, podrá presentárselo a otras personas, más allá de la familia inmediata. Es importante no bombardear al cachorro Bichon Maltés con demasiada gente y situaciones nuevas, todo al mismo tiempo.

¡En dependencia de su edad, y si ya ha completado su programa de vacunaciones, puede llevarlo enseguida a lugares pú-

Dele tiempo al cachorro para que se adapte y luego empiece a acostumbrarlo al acicalado. Tratándose del Bichon Maltés, mientras más pronto comience, mejor.

blicos. En cualquier caso, le reco-
mendaría que le permitiera algunos días para adaptarse a la casa
antes de aventurarse a salir de
ella. Hay montones de cosas que
hacer con el cachorro en casa.
Seguramente se divertirá muchí-
simo con él pero también permítale descansar lo suficiente.

Si ha de restringirlo al hogar
durante algún tiempo, puede
jugar con él usando juguetes
suaves y adecuados, pero no le
permita tirar fuerte de ningún
objeto porque afectaría su formación dental. Revise sistemáticamente las partes de los
juguetes que puedan ser agudas o peligrosas, como los pitos, para que no se despeguen
del juguete. Los pitos pueden
provocar daños, así que no olvide que los dientes del cachorro
son lo suficientemente agudos
como para romper fácilmente
los juguetes suaves.

Ya sea porque tenga planea-
do llevar a su Bichon Maltés a
exposiciones o no, siempre es
bueno darle desde el principio
algún adiestramiento, enseñán-
dole a quedarse parado tranquilamente sobre una mesa y a
acostarse de lado mientras se le

**El Bichon Maltés no ocupará mucho
espacio si le da por subirse a su silla
favorita, pero ¿le permitirá
encaramarse en los muebles? Tome
una decisión con relación a esto y a
todo lo demás mientras el Bichon
Maltés es cachorro y edúquelo en
ese sentido, día a día.**

**Es probable que los primeros días con
el cachorro los pase usted en casa o
muy cerca, dándole afecto y apoyo y,
quizás, un paseo dirigido por el patio.**

acicala. Ambas posiciones serán útiles en múltiples ocasiones, incluyendo la consulta veterinaria, donde es mucho más fácil tratar con un perro bien educado, eso sin contar lo orgulloso que podrá estar de su inteligente amigo.

Acostumbre al cachorro a estar con la correa, experiencia que resulta siempre extraña para el diminuto perrillo. Comience por ponerle un collar sencillo, no demasiado ajustado pero tampoco demasiado suelto, porque entonces se le enganchará en los objetos que le rodean, lo que le causaría pánico y quién sabe si alguna lastimadura. Póngale el collar durante algunos minutos cada vez, y vaya alargando paulatinamente el periodo en que se lo deja puesto hasta que el cachorro se sienta cómodo con su primera prenda de vestir. No espere milagros; puede que este proceso le lleve algunos días.

Entonces, cuando ya se sienta cómodo con el collar, átele una correa ligera y pequeña. Elija una de cierre seguro, pero que sea fácil de poner y quitar.

Hasta el momento, su cachorro ha ido donde mejor le ha parecido y se sentirá muy extraño al verse atado a alguien que limita sus movimientos. Por eso, cuando entreno a mis cachorros, me gusta dejarles que sean ellos los que me lleven a mí durante las primeras sesiones, y a partir de ahí, empiezo yo a guiarlos a ellos de manera muy suave. Pronto, puedo comenzar el adiestramiento en serio, con el cachorro a mi lado mientras yo señalo el camino.

Lo común es comenzar el adiestramiento del cachorro llevándolo a la izquierda. Cuando lo haya logrado, y esté satisfecho, puede intentar moverlo hacia la derecha, pero no hay prisa. Si tiene planes de exponer al Bichon Maltés, lo normal es moverlo a la izquierda, pero hay ocasiones en que es necesario moverlo también al lado derecho para no obstruir la visión del juez.

A medida que el cachorro madure puede enseñarle a sentarse, usando siempre una orden de una sola palabra. Ordene al perro que se siente

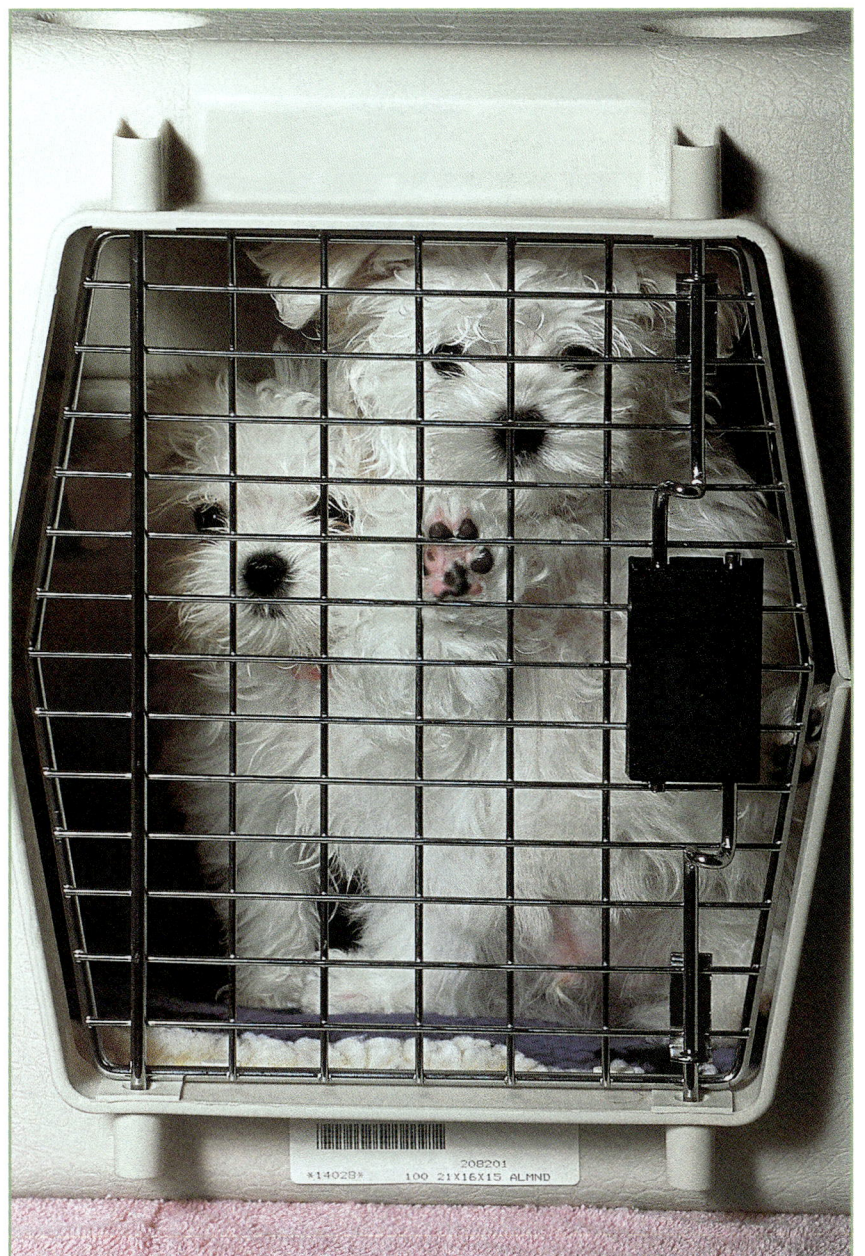

Si el criador acostumbró a la camada a la jaula, incluso durante un tiempo breve, le ha hecho un gran favor al empezar correctamente el adiestramiento con jaula.

Una correa y un collar de nylon, ligeros pero resistentes, como los que aquí se muestran, bastarán para el Bichon Maltés cachorro y adulto. No deje de revisar y ajustar sistemáticamente el collar según vaya creciendo el cachorro.

mientras sostiene una golosina sobre su cabeza y, quizás, la palma de su mano sobre la grupa. No debe esperar tener que presionársela para mostrarle lo que pretende de él, pero podría servirle como última opción. Esta lección va a tomarle algún tiempo, pero pronto cosechará el resultado esperado si no olvida elogiar mucho al cachorro cada vez que haga lo correcto. Nunca le grite ni se enfade cuando no lo haga bien, porque con ello hará más daño que bien. Otra cosa, si el suyo está destinado a ser un perro de exposición, puede optar por no enseñarle la orden de sentarse, ya que en el ring se espera que permanezca de pie.

Cuando el cachorro de Bichon Maltés esté vacunado y pueda aventurarse a visitar lugares públicos, comience a llevarlo a sitios tranquilos sin demasiadas distracciones. Pronto verá cómo se va incrementando su confianza y entonces podrá llevarlo a lugares nuevos, con imágenes, sonidos y olores excitantes. Siempre debe ir con su correa puesta, una que no resbale (diferente de la que se usa en exposiciones). Cuando ya el perro y usted tengan plena confianza mutua, a lo mejor podría soltarle de la correa. Manténgalo siempre a la vista y asegúrese de que el lugar elegido para el libre ejercicio sea completamente seguro y esté cerrado.

Con toda seguridad, si su perro es de exposición y, probablemente, si es una mascota, necesitará adiestrarlo para que permanezca en la jaula cuando sea necesario. En la mayoría de las exposiciones caninas, las razas miniatura están en sus jaulas durante parte del tiempo que no están en el ring. Las jaulas son útiles para viajar pero, igualmente, usadas en el hogar, la mayoría de los perros parecen apreciarlas como lugares seguros donde pueden refugiarse, y no les importa permanecer en ellas durante cortos periodos de tiempo. También apreciará la utilidad de la jaula en la educación básica del cachorro.

Cuando comience el adiestramiento para la jaula, permanezca a la vista del perro y dele un juguete, algo seguro y constructivo con qué ocupar su

# BICHON MALTÉS

No es difícil transportar al diminuto Bichon Maltés. Una jaula resistente de fibra de vidrio o plástico con un asa en la parte superior es un medio de transporte seguro y fácil para llevar de viaje al Bichon Maltés.

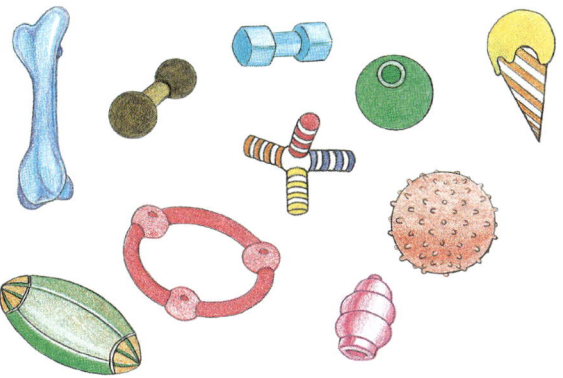

**Visite la tienda para mascotas y adquiera juguetes divertidos, seguros e interactivos.**

mente mientras está en la jaula. Para empezar, déjelo dentro durante un breve tiempo, un minuto o dos, entonces poco a poco vaya incrementando el tiempo de permanencia. De cualquier manera, nunca confine un perro a la jaula durante largos periodos de tiempo porque eso sería cruel.

## PRIMERAS LECCIONES

### Resumen

■ Cuando el cachorro se haya acostumbrado a su nueva familia y entorno y ya esté vacunado, comience a sociabilizarlo en el exterior.

■ Las primeras lecciones pueden consistir en comenzar a familiarizarlo con la mesa y los procedimientos básicos de acicalado.

■ Permita primero que su cachorro llegue a sentirse cómodo con su collar y correa antes de empezar a darle cortos paseos.

■ Antes de empezar el adiestramiento real, comience a familiarizar al cachorro de manera informal con las órdenes básicas.

■ Deje que el cachorro explore su jaula y comience a infundir en él una asociación positiva con ella.

Educación inicial

# El Bichon Maltés es una raza muy limpia, que gusta de conservar su entorno tan inmaculado como su propio cuerpo, de modo que si es usted constante en los métodos de adiestramiento, su perro aprenderá rápidamente.

Para tener éxito con la educación básica se necesita ser firme, no áspero; jamás debe tratarse con rudeza al Bichon Maltés.

Cuando el cachorro llegue a su casa por primera vez puede que ya haya recibido, o no, la educación doméstica básica, de manera limitada, claro. Pero usted ha de comprender que su casa es completamente diferente de la del criador, de modo que el cachorro deberá reaprender las reglas domésticas. Las puertas no se encuentran en los mismos lugares, puede que la familia se retire a dormir y se levante a horas diferentes, así que es innegable que el perro necesita

En el caso de los cachorros recién nacidos, el cubil funciona a la vez como sala de estar, alcoba, cocina y, por supuesto, baño. El suelo del cubil se cubre con materiales absorbentes pero, aun así, los buenos criadores son diligentes en su limpieza.

cierto tiempo para aprender eso y adaptarse.

La velocidad en el éxito de la educación doméstica básica depende, hasta cierto punto, del ambiente en que viva y de la estación del año. La mayoría de los cachorros se muestran muy contentos al salir al patio cuando el tiempo es seco, pero cuando está lloviendo no tienen la misma actitud y necesitan que se les estimule.

El entrenamiento con papel resulta siempre útil en los primeros estadios educativos. Debe colocar el papel cerca de la puerta para que el perro aprenda a asociarlo con salir al exterior. Cuando él haga sus necesidades sobre el papel, deberá elogiarlo. Obviamente, lo ideal es sacar al cachorro tan pronto como muestre señales de que desea desahogarse, pero eso depende de si su casa tiene acceso inmediato al patio.

He aquí cómo y por qué la brillante jaula metálica resuelve todas sus preocupaciones en relación con la educación doméstica básica del Bichon Maltés. El entrenamiento para jaula

El Bichon Maltés es un perro limpio que deseará acogerse a hábitos de limpieza. Usted también ha de hacer su parte manteniendo el patio libre de deposiciones para que el perro tenga un lugar limpio donde jugar.

Si no tiene un patio donde el Bichon Maltés pueda hacer sus necesidades deberá sacarlo fuera de casa, con la correa puesta, varias veces al día según lo programe y, por supuesto, llevando su bolsita para recoger las deposiciones del perro.

se basa en el sencillo precepto canino de que los perros no ensucian el lugar donde duermen. El Bichon Maltés es una elegante dama o caballero y, como tal, le gusta tener su cama limpia. Pero esta cualidad no es privativa de este elegante perro miniatura, sino que también la comparten otros perros de pura raza y mestizos. Todos los perros conservan limpia el área donde duermen. La jaula funciona como dormitorio y por eso el perro hará lo posible por conservarla limpia.

Coloque al Bichon Maltés dentro de la jaula por las noches. Aprenderá a dormir en ella cuando descubra que su gimoteo y sus quejas no conducen a nada. (Ignore a su quejoso bebé. ¡No tiene el pañal mojado!, así que se quedará dormido.) Durante el día, el Bichon Maltés debe usar la jaula para dormir sus siestas y para jugar. Algunos entrenadores recomiendan darle las primeras comidas dentro de la jaula para que la asocie con acontecimientos gratos. Ofrézcale una golosi-

**Es útil usar la jaula metálica dentro de la casa como el hogar privado del perro. No sólo le ofrece ventilación y clara visión de lo que ocurre a su alrededor, sino que lo mantiene seguro.**

na cuando le toque estar en la jaula. ¡Uno! No crea que le está haciendo un favor dándole una docena de bizcochos, porque

Cada vez que saque el cachorro de la jaula, llévelo fuera, a su área de desahogo (o al papel de periódico, si vive en un

La clave para tener un perro limpio con el cual disfrutar y compartir su hogar es enseñarle correctos hábitos de desahogo.

entonces necesitará desahogarse y, con eso, estará usted conspirando contra el propósito mismo de usar la jaula.

apartamento elevado y carece de área exterior). ¡Elógielo cada vez que defeque! Él entenderá y deseará complacerle.

Recuerde que los cachorros necesitan salir mucho más frecuentemente que los perros adultos, indefectiblemente después de despertarse y terminar de comer. De hecho, no es mala idea llevarlo fuera cada hora, siempre y cuando esté despierto. Mantenga el oído y los ojos abiertos todo el tiempo porque un cachorro no es capaz de esperar esos dos o tres minutos extra que usted necesita para sacarlo. Si se demora ocurrirá lo inevitable, así que ¡esté al tanto! Sé que esto suena como si tuviera que pasarse la mitad del día sacando al Bichon Maltés a hacer sus necesidades. Bueno: bienvenido a la condición de dueño de perro: tener un Bichon Maltés no es sólo embeleso.

A medida que el cachorro va madurando, pedir que lo saquen llega a ser para él como una segunda naturaleza, por eso es raro encontrar un Bichon Maltés que ensucie la casa. Claro que un semental puede comportarse de manera algo diferente porque podría estar marcando su territorio y seleccionar para ello ¡las patas de su mesa y sillas! En general, los machos son un poco más lentos que las hembras para asimilar la educación doméstica. Muchos lo atribuyen a la fijación del macho con sus partes pudendas y a la necesidad de dejar su marca en cada objeto vertical que encuentra a su paso.

Las órdenes simples son muy útiles: expresiones como «Pipí», la vieja favorita, parecen funcionar. Claro que usted puede elegir la orden que más le guste, pero no quiera pasarse de listo, o resultar demasiado gracioso o prosaico porque un día se las verá negras cuando tenga que darle la orden al perro con la casa llena de invitados.

Nunca, jamás, olvide elogiar a su perro cuando haya hecho sus necesidades en el lugar deseado. Si no ocurre así regáñelo verbalmente, pero sólo si lo atrapa en el acto porque si intenta reprenderlo después de ocurridos los hechos él no sabrá qué ha hecho mal y sólo conseguirá confundirlo.

Es esencial limpiar inmediatamente cualquier suciedad. Si el perro ha hecho sus necesidades en el lugar erróneo, hay rrunos percibibles por narices humanas y caninas. Del mismo modo, puede usar productos de limpieza convencionales, pero

Tratándose de cachorros, todo lo que entra tiene que salir... ¡rápido! El criador siempre tiene a la camada sobre algún tipo de material absorbente.

que limpiarlo muy bien para eliminar todo rastro de olor porque si no intentará usar el sitio otra vez. En las tiendas para mascotas se venden excelentes desodorantes para limpiar manchas y eliminar olores pe-

nunca los que tengan pino como base porque puede ser dañino para los perros.

Cuando el cachorro sea lo suficientemente grande como para ejercitarse en lugares públicos, lleve siempre consigo

# BICHON MALTÉS

¡Este Bichon Maltés tiene a su disposición todo un establecimiento! La puerta conduce a un área con techo, cubierta de papel, donde puede hacer sus necesidades cuando hace mal tiempo.

Es usted quien escoge el área donde su Bichon Maltés hará las necesidades, así que elija sabiamente. Un rincón fuera del camino, en lugar de canteros o caminos muy transitados, es, obviamente, la mejor opción.

una bolsa para recoger los excrementos. La mayoría de las ciudades y poblados tienen leyes sobre la materia, así que sea un dueño limpio y respetuoso de la ley. ¡Sería penoso que le sancionaran por no recoger heces!

## EDUCACIÓN INICIAL

### Resumen

■ La clave para una vida limpia con un perro es enseñarle correctos hábitos higiénicos.

■ El entrenamiento con papel puede ayudarle en los comienzos, pero la jaula es la vía más segura para educar los hábitos de desahogo corporal del perro.

■ Saque al cachorro frecuentemente, use una orden firme para que se desahogue y elógielo cuando lo haga en el lugar indicado.

■ Nunca reprenda al cachorro por haberse orinado o defecado en la casa a menos que lo capture en el acto.

■ Las tiendas para mascotas venden excelentes productos quitamanchas que, además, eliminan los olores perrunos.

■ No olvide ser un ciudadano dueño de perros cabal: limpie siempre lo que ensucie su Bichon Maltés.

## Las órdenes básicas

# La inteligencia del Bichon Maltés lo hace muy capaz de aprender.

Para obtener éxito en el adiestramiento, hay que entender que el Bichon Maltés espera que se le ofrezca una razón de por qué debe hacer algo. Con esta raza no pueden emplearse palabras ni métodos de enseñanzas ásperos, así que sea suave y ofrézcale muchos elogios al término de cada ejercicio. El sentido común nos dice que los perros, como los niños, responden mejor al elogio y las recompensas que a las reprimendas y castigos.

Da lo mismo si su perro no pasa de ser un compañero casero, o si es un perro de exposición, el Bichon Maltés siempre debe aprender las órdenes de obediencia básica. Algunos presentadores de exposición, sin embargo, no les enseñan a sus perros a sentarse a la orden porque esta posición no es necesaria en el ring. En todo tipo de adiestramiento es esencial ganarse

El brillante y pequeño Bichon Maltés es un estudiante ávido y alerta, dócil al entrenamiento y capaz de aprender con rapidez.

completamente la atención del perro, lo que muchos dueños logran con la ayuda de golosinas porque así el pupilo aprende a asociarlas con el elogio.

El siguiente método de adiestramiento entraña el uso de premios comestibles, aunque eventualmente usted deberá ir eliminando estos auxiliares pedagógicos hasta lograr que la recompensa sólo consista en caricias y alabanzas. Use siempre órdenes muy simples, de una o dos palabras cortas, y procure que las sesiones de entrenamiento sean breves para no aburrir al perro.

Uno de los primeros ejercicios que hay que enseñar es la postura de sentado; el quieto/sentado que muestra la foto es un ejercicio un poquito más avanzado.

## La orden de sentarse

Para la mayoría de los perros he aquí un gran comienzo. La postura de sentado es natural para la mayoría de los perros y por eso es un ejercicio fácil de asimilar. Mientras sostiene la correa con la mano izquierda, tenga una golosina pequeña en la derecha y deje que el perro la huela y la lama, pero no que la tome. Mueva la mano derecha mientras le dice «Siéntate», elevándola lentamente sobre la cabeza del perro a fin

Para que el entrenamiento sea exitoso, tiene que haber una buena comunicación entre perro y amo. La base de todo es la atención del perro, el cual debe concentrarse en su amo tal y como muestra este atento pupilo.

de que mire hacia arriba. Al hacerlo, doblará las rodillas y se sentará. Cuando haya alcanzado la postura, dele la golosina y elógielo efusivamente.

Si su Bichon Maltés empieza a echarse hacia atrás cuando usted levanta la golosina sobre su cabeza, para mantenerla a la vista, tendrá que aplicar la variante de usar las dos manos. Coloque la palma de la mano en el trasero del Bichon Maltés y cuando él intente retroceder para mirar la golosina, sentirá su mano allí y, de manera natural, se sentará. Practique este ejercicio de la misma manera varias veces y verá cómo pronto el perro entiende que lo que usted espera es que se siente. Siempre alábelo cuando finalice exitosamente cada ejercicio.

### La orden de camina

El perro que ha sido entrenado para caminar se moverá al lado de la persona que lo conduce, sin tirar de la correa. Igual que la otra vez, deberá sostener la correa con la mano izquierda mientras el perro asume la posición de sentado cerca de su pierna izquierda. Tome el extremo de la correa con la mano derecha pero siempre controle la parte inferior con la izquierda.

Adelante un paso con el pie izquierdo diciendo la palabra «Camina». Al principio, dé sólo tres pasos, y ordene al perro que se siente de nuevo. Repita este proceso hasta que camine sin tirar. Entonces incremente el número de pasos a cinco, siete y así sucesivamente. Elógielo verbalmente al final de cada sección del ejercicio, y al final de la sesión de entrenamiento permítale correr libremente a su aire.

Nunca utilice el paseo con correa para que el Bichon Maltés corra salvajemente. Él asociará la correa con esta práctica y nunca podrá convencerle de que es necesario caminar serenamente a su lado. ¡Es mucho más divertido correr en círculos a toda velocidad! Desde el primer día, la correa debe indicar al perro que forma parte de un ejercicio estructurado.

### La orden de echarse

Cuando ya el perro domine la orden de sentarse, puede introducir la de echarse. Lo primero es entender que los perros consideran la posición de echado como una postura de sumisión, por eso es importante el adiestramiento suave.

Con el Bichon Maltés sentado cerca de su pierna izquierda, como cuando hace el ejercicio de sentado, sostenga la correa con la mano izquierda y una golosina en la derecha. Coloque la mano izquierda sobre la cruz del perro (sin presionar) y man-

téngale la golosina debajo de la trufa mientras le dice: «Échate», suave pero de forma convincente. Gradualmente, mueva la golosina frente al perro, a lo largo del suelo y hacia delante, mientras le habla con gentileza. Él va a seguir este movimiento, acostándose. Cuando los codos toquen el suelo, puede dejarle tomar la golosina y elogiarlo, pero trate de que permanezca en la posición durante algunos

Guíe suavemente al Bichon Maltés hacia la posición de sentado en los primeros intentos, y verá como pronto aprende lo que espera de él.

segundos antes de levantarse. Gradualmente puede incrementar el tiempo de permanencia en la posición de echado.

Algunos perros miniatura no responden al ejercicio de echado con toda la celeridad deseada, en parte porque ellos ya están bastante cerca del suelo. Puede intentar enseñar a su Bichon Maltés la posición de echado colocándolo en su regazo, mirando hacia el frente. Coloque la golosina frente a la trufa del perro y bájela a la altura de su regazo. Él se agachará y asumirá la posición deseada. Después de practicar el ejercicio varias veces de esta manera, puede colocar al cachorro sobre una silla o butaca cerca de usted e intentar hacerlo desde ese lugar. Siempre elogie al cachorro cuando asuma la posición deseada. Una vez que el Bichon Maltés reconozca la orden puede volver a trabajar en el suelo.

## La orden de estar de pie

Hay muchas ocasiones en que se necesita que el perro se quede de pie. Por ejemplo, cuando va a la consulta veterinaria y necesita que le examinen. También, si se trata de un perro de exposición, se apreciará mucho que permanezca de pie como una estatua en el ring mientras el juez lo examina. En la vida cotidiana puede ser que usted necesite que el Bichon Maltés se quede parado a su lado cuando lleguen a una intersección de la calle, especialmente si es un día lluvioso y la usual posición de sentado (que es parte de la lección «Camina») no es la más conveniente. Durante las sesiones de acicalado, las posiciones de parado y echado son útiles.

Comience con el cachorro sentado a su izquierda. Sostenga la correa con la mano izquierda y tenga una golosina en la derecha. Póngale la golosina frente a la trufa para que pueda verla. Mientras mueve su mano lentamente hacia delante el perro se pondrá de pie para estar más cerca de la golosina. Diga: «De pie». Dele la golosina y elógielo. Puede usar la correa para impulsarlo hacia delante, aunque tal vez no sea necesario.

## La orden de quieto

Cabe la posibilidad de enseñar al perro a permanecer quieto tanto sentado como de pie y echado, y se comienza como siempre: con la correa en la mano izquierda y la golosina en la derecha. Permítale lamer la golosina mientras le dice: «Quieto» y se queda de pie frente al perro, después de haberse movido desde su posición previa, a la derecha de él. Cuente silenciosamente hasta cinco, luego vuelva a su posición original al lado del perro. Déjele que coja la golosina mientras le elogia.

Siga practicando la orden de quieto durante algunos días tal y como se la hemos descrito, de modo que gradualmente, vaya incrementando la distancia entre usted y el perro, usando la palma de su mano como una señal para él de que debe quedarse quieto donde está. Pronto deberá poder realizar este ejercicio sin correa y su Bichon Maltés mantenerse quieto durante periodos de tiempo cada vez más largos. Siempre elógielo mucho al finalizar el ejercicio.

## La orden de venir

A su Bichon Maltés le encantará venir hacia usted cuando

Aunque el Bichon Maltés está cerca del suelo puede que no le guste, como a muchos perros, la posición de echado. Abórdela con coraje y pronto progresará al quieto/echado.

**Las órdenes básicas**

le llame. La idea consiste en invitarlo a acudir ofreciéndole, cuando lo haga, una golosina y mucho elogio. Ésta es una orden importante porque hará que su perro regrese a usted si corre el riesgo de perderse de vista.

Al igual que ha hecho con las otras órdenes procure que el ejercicio de venir sea divertido y ameno. Se trata de usar el adiestramiento positivo. Ningún perro, especialmente si es tan brillante como el Bichon Maltés, acudirá al llamarlo si usted suena como si no estuviera contento. Los perros responden a los sonidos agudos, a las palmadas divertidas, al júbilo que sienten las personas cuando los ven. Use todo esto cuando enseñe al suyo el ejercicio de venir. Su Bichon Maltés ha de pensar siempre que venir hacia usted le trae cosas buenas, nunca castigos ni regaños.

Cuando comience el ejercicio de quieto, mantenga al perro con la correa puesta. Una vez que haya progresado alejándose de él y lo practique sin correa asegúrese de hacerlo en un área cerrada y segura.

## Mantenga la práctica

La práctica continua es en verdad una regla para toda la vida. Incorpore estas órdenes a su rutina diaria y así su Bichon Maltés seguirá siendo una dama o un caballero del cual podrá sentirse orgulloso.

El Bichon Maltés es el epítome de la moda canina mientras posa en la pista con ese toque de estrella rutilante que lo caracteriza.

## LAS ÓRDENES BÁSICAS

### Resumen

■ Todos los perros necesitan recibir educación en las órdenes básicas para ser disciplinados y de confianza.

■ El brillante Bichon Maltés es un excelente pupilo que aprenderá rápidamente los ejercicios nuevos.

■ El refuerzo positivo es la mejor manera de adiestrar a un perro, usando como recompensa el elogio, las caricias y las golosinas.

■ Las órdenes básicas son: siéntate, camina, échate, de pie, quieto y ven.

■ Siga practicando con el Bichon Maltés e incorpore las órdenes básicas a la rutina diaria.

## Cuidados domésticos

**S**u Bichon Maltés es algo precioso para usted, y seguramente deseará mantenerlo en óptima salud a lo largo de su vida, que esperamos sea larga.

Esto significa que el cuidado diario sistemático es muy importante porque le ayudará a detectar los problemas en cuanto aparezcan, y así podrá acudir lo antes posible al veterinario para hacer las investigaciones pertinentes.

### Cuidado dental

Los dueños deben mantener blancos y brillantes los dientes de sus sonrientes perros. Es su responsabilidad mantener los del suyo en buenas condiciones. Usted se lo debe a su perro porque los problemas dentales no se quedan en la boca. Cuando las encías se infectan pueden desencadenar toda suerte de problemas de salud que se diseminan por todo el sistema y conducen, posiblemente, a la muerte.

Puede limpiar con mucho

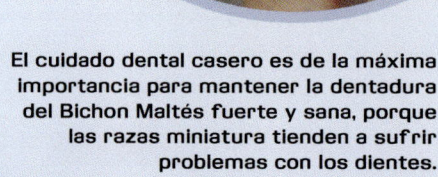

El cuidado dental casero es de la máxima importancia para mantener la dentadura del Bichon Maltés fuerte y sana, porque las razas miniatura tienden a sufrir problemas con los dientes.

cuidado y suavidad los dientes del Bichon Maltés usando un cepillo dental muy pequeño y pasta dental canina. Tenga especial cuidado si algún diente está empezando a aflojarse. Puede que al principio al perro no le guste mucho este procedimiento, pero si lo hace sistemáticamente, se acostumbrará. Los criadores experimentados usan a veces un raspador dental, pero como hacerlo puede ser peligroso, especialmente tratándose de una raza miniatura como ésta, no recomendamos al dueño aficionado que lo haga.

Cuando limpie los dientes del perro revise siempre las encías para detectar si están o no inflamadas. Si nota que están rojas o hinchadas, vale la pena ir al veterinario. Lamentablemente, los perros miniatura se destacan por tener mala salud dental que, a veces, va unida a un mal alineamiento y carencia de piezas, así como a mordidas retrasadas. Algunos estándares de raza permiten incluso que la dentadura no esté completa. Bríndele una oportunidad a la mordida de su Bichon Maltés limpiándole los dientes regularmente.

**Los juguetes inofensivos son beneficiosos para los dientes porque reducen el sarro cuando el perro los roe, pero no le dé al Bichon Maltés ninguno que sea demasiado grande.**

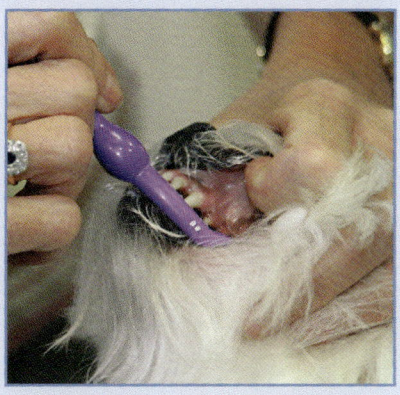

**Existen cepillos de dientes especiales para los perros de todos los tamaños, diseñados para adaptarse a los contornos de la boca canina.**

## Primeros auxilios

Lo mejor es estar preparados, como reza el viejo mantra de los Boy Scouts. Cuando la vida de su perro esté a salvo, agradecerá haber pensado claramente con antelación (y enarbolará esta página como algo especial dentro del libro). He aquí algunos accidentes que pueden ocurrirle al perro, y las vías sensatas de enfrentarse a ellos mientras se espera el consejo veterinario.

Las picaduras de insectos son bastante frecuentes y si el aguijón permanece en el perro habrá que sacarlo con unas pinzas. Se puede aplicar hielo para reducir la inflamación y una dosis prudente (pregunte al veterinario) de tratamiento antihistamínico. Si el aguijón está dentro de la boca del can, vaya directo al veterinario.

Otra preocupación es el envenenamiento accidental, porque a los perros les gusta investigarlo todo, y no todo es inofensivo. Si sospecha que el suyo se ha envenenado, intente descubrir la causa porque el tratamiento puede variar de acuerdo con el tipo de veneno. Los vómitos y la hemorragia súbita por cualquier abertura corpórea, como las encías, pueden estar indicando envenenamiento.

Las raspaduras pequeñas deben limpiarse bien y luego aplicar un antiséptico, pero si hay sangrado profuso debe, ante todo, presionar el área. Las quemaduras menores pueden tratarse con agua fría.

En caso de conmoción, como la que sigue a un accidente de tráfico, mantenga al perro caliente mientras busca a toda prisa asistencia veterinaria.

Si se trata de un golpe de calor, debe aplicar al perro inme-

Todo perro puede comportarse como un saco de papas en algún momento, pero si está actuando de manera letárgica o parece como ido hay que llamar al veterinario.

diatamente agua fría, especialmente sobre los hombros. En los casos graves, y de ser posible, sumérjalo en agua hasta el cuello. Los perros pueden morir rápidamente de un golpe de

## Cómo reconocer los problemas de salud

Si ama a su Bichon Maltés y pasa con él mucho tiempo, sabrá cuándo las cosas no andan bien. Puede que haya perdido el

Parte del cuidado que requieren los oídos del Bichon Maltés es mantenerle las orejas libres del exceso de pelo, lo que se consigue tirando suavemente de él para extraerlo. Esta acción es indolora si se hace correctamente.

calor, así que la atención veterinaria es de máxima importancia en estos casos. Por el contrario, en los casos de hipotermia, lo recomendable es mantener al perro caliente con la ayuda de botellas de agua caliente, y si es posible, darle un baño caliente.

apetito o parezca embotado e indiferente, tal vez andando con la cola baja. Sus ojos, por lo general, brillantes y vivaces, pueden parecer como si hubieran perdido su destello, y el pelaje puede que se vea opaco y deslustrado. Sus hábitos de desahogo también pueden indicar que

**Cuidados domésticos**

hay problemas de salud. Las diarreas desaparecen generalmente en 24 horas, pero si se prolongan y, sobre todo, si contienen sangre, hay que llevar el perro al veterinario. También observe si está más sediento y si orina más a menudo, todo lo cual puede indicar problemas.

## La detección de parásitos

Es esencial que mantenga el manto de su perro en perfecto estado, de lo contrario, los parásitos harán presa de él provocando el deterioro del pelaje y de la piel. No siempre es fácil ver los parásitos, pero si distingue una sola pulga puede estar seguro de que hay más escondidas por ahí. Existen en la actua-

lidad buenos productos para prevenir los parásitos externos, productos que su veterinario le podría recomendar porque los más efectivos no suelen poder adquirirse sin receta.

Manténgase al tanto también de los ácaros de los oídos. No podrá verlos, pero la señal de que están presentes es una secreción de color pardo y olor fuerte en las orejas del perro. El tratamiento adecuado se lo administrará el veterinario.

Los perros también pueden tener parásitos internos en forma de gusanos. Los más comunes son las ascárides, pero las tenias, aunque menos frecuentes, pueden deteriorar más al perro. Pregunte al veterinario cómo evitarlos.

Los gusanos del corazón son transmitidos por mosquitos y representan un serio problema. En dependencia de donde usted viva el veterinario podrá recomendarle la mejor manera de proteger a su perro. Claro, el Bichon Maltés es sobre todo un perro de interiores, cuya exposición a las áreas boscosas o silvestres (y, por ende, a los mosquitos) es bastante limitada.

Los dueños de perros con pelajes claros han de lidiar con la limpieza de las manchas lacrimales que se forman alrededor de los ojos. Hay productos elaborados especialmente para este fin.

¡No existen muchos Malteses que tengan que ganarse su bizcocho diario cazando perdices en el bosque! Si usted vive en un área donde no hay mosquitos, probablemente estará bien que le ahorre al perro el tratamiento contra las filarias o gusanos del corazón, o que le administre el tratamiento un mes sí y otro no. Algunos tratamientos preventivos contra la filaria también protegen al perro contra otros parásitos intestinales.

Durante toda la vida del perro, es esencial desparasitarlo

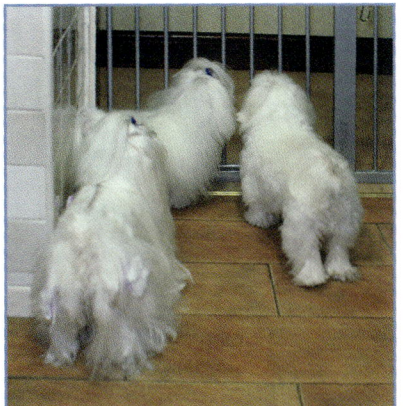

El cuidado doméstico del perro significa mantenerlo a salvo en el hogar. Las barreras para bebés u otras similares son útiles para mantener a los perros confinados en áreas seguras.

sistemáticamente. Confíe en su veterinario para que le recomiende el tratamiento adecuado.

## CUIDADOS DOMÉSTICOS

### Resumen

■ La salud integral de su perro, su longevidad y calidad de vida dependen en gran medida de los cuidados que usted le dispense en el hogar.

■ El cuidado dental es de máxima importancia en las razas miniatura, ya que son propensas a padecer problemas con los dientes que pueden terminar en fatales consecuencias.

■ Sea autodidacta en las técnicas de primeros auxilios caninos y tenga un buen botiquín a mano.

■ Conozca bien a su perro para que pueda reconocer cualquier cambio que se produzca en él como síntoma de alguna enfermedad.

# Alimentación del Bichon Maltés

# Hablando en sentido general, los Malteses comen bien, aunque algunos pueden resultar un poco remilgados.

Ciertos Malteses tienen acceso a los más exquisitos manjares servidos en caros recipientes de porcelana o cristal y éstos, naturalmente, ¡no pondrán ninguna objeción! Pero nada de eso es realmente necesario, así que no ceda demasiado a los antojos de su mascota.

Cuando elija la comida del Bichon Maltés no olvide que se trata de una raza miniatura, por eso, si le da comida fresca deberá cortarla en trozos pequeños, y si le compra comida seca debe ser «de mordida pequeña» (es como le dicen). La mayoría de los fabricantes produce este tipo de alimento para los perros pequeños o miniatura.

En la actualidad, es enorme la variedad de alimentos caninos especialmente elaborados, muchos científicamente balanceados y adaptados para las di-

Siga el consejo del criador sobre la mejor manera de continuar alimentando al cachorro, incluyendo horarios y cantidades de comida, y de modificar su dieta a medida que vaya creciendo.

ferentes edades. Usted debería comenzar dando a su perro un alimento para cachorros. Luego, podrá cambiar para el de joven, adulto y anciano, a medida que vayan transcurriendo esas etapas. La marca del alimento es un tema de preferencia personal, aunque inicialmente usted puede verse influido por lo que le haya estado dando el criador al cachorro. Por supuesto, se pueden hacer cambios, pero nunca salte súbitamente de una comida para otra porque el Bichon Maltés puede enfermar del estómago. Vaya introduciendo la nueva marca gradualmente, a lo largo de algunos días, hasta que la antigua se agote.

No suele haber ningún problema al cambiar el sabor de la comida, mientras que se mantenga dentro de la misma marca. Eso puede ayudar a hacer la dieta más variada, aunque también usted puede añadirle un poco de aderezo para tentar el paladar.

Lea completamente las instrucciones que trae el paquete de comida seca de elaboración industrial que seleccione. Algunas necesitan ser humedecidas,

El criador inicia a la camada en el alimento sólido como parte del proceso de destete. La dieta, en esta etapa, suele consistir en carne mezclada con una óptima comida para cachorros.

Alimentar una camada hambrienta no es tarea fácil para la perra. El criador debe atenderla con el mismo esmero con que atiende a los cachorros.

especialmente tratándose de cachorros. La comida seca hay que guardarla cuidadosamente, sin perder de vista que sus valores vitamínicos decrecen si no se usa con cierta rapidez, por lo general en tres meses. Cuando se alimenta con comida seca es esencial que el cachorro disponga de agua fresca abundante, aunque los perros, dicho sea de paso, han de tener siempre agua disponible.

¡Fíjese qué multitud se reúne cuando está en juego un jugoso premio!

Debido a la inmensa variedad de productos que hay en el mercado, puede resultarle difícil elegir la comida del Bichon Maltés sin el asesoramiento de otro apasionado de la raza. Tenga presente, no obstante, que todo perro activo, en la madurez, necesita una dieta con mayores niveles proteínicos que los que viven una vida sedentaria.

Ya sea porque se vean abrumados por la enorme variedad de comidas disponibles o simplemente porque hayan decidido no alimentar a sus perros con alimentos provenientes de una bolsa, algunos dueños eligen dar a sus Malteses comidas frescas. En tal caso, hay que estar bien seguros de que el perro está consumiendo una dieta balanceada, y tener la precaución de no incluirle alimentos peligrosos como los huesos cocidos. Tratándose de dietas de elaboración casera, puede que haya que suministrar vitaminas y otros suplementos. Las dietas naturales sólo deben ponerlas en práctica aquellos dueños que saben cómo prepararlas para que sean sanas y proporcionen una nutrición completa.

La mejor nutrición que pueden recibir los cachorros en sus primeras semanas de vida se las proporciona la leche de su madre porque no sólo los alimenta, sino que les da resistencia ante las enfermedades.

Muchos sienten la tentación de dar a sus perros bocadillos entre comidas, pero eso no es bueno. Aquellos tan diminutos como el Bichon Maltés pueden engordar casi imperceptiblemente. Una mejor alternativa es darles ocasionalmente un trozo de zanahoria. ¡A la mayoría de los perros les encanta! Y las zanahorias no engordan, además de que son útiles para mantener los dientes limpios. Hay que evitar darles las sobras de la mesa, y tener presente que las comidas humanas, como el chocolate, las cebollas,

La nutrición correcta se evidenciará en el brillo del pelaje y en las buenas condiciones generales.

las uvas, las pasas y algunas nueces, resultan tóxicas para los perros.

Usted decidirá cuántas comidas al día dará a su Bichon Maltés. Muchas personas dan a sus perros un poco de comida por la mañana y otro poco por la tarde, aunque otras prefieren darles una sola comida, con un ligero bocadillo doce horas más tarde. Está claro que los cachorros necesitan comer con mayor frecuencia, pero esperamos que el criador le haya asesorado en este punto; de cualquier modo, la transición entre las varias comidas del cachorro y

En todas las etapas de la vida del Bichon Maltés, es esencial suministrarle una buena comida apropiada para su edad, así como abundante agua fresca.

el hecho de dar una o dos comidas al día debe hacerse gradualmente.

A medida que el perro envejece su metabolismo se modifica, de modo que sus necesidades alimenticias pueden cambiar de nuevo. Un perro anciano suele digerir mejor porciones pequeñas, así que su medida diaria de alimento puede dividirse en raciones más pequeñas y frecuentes. Para entonces, usted conocerá tanto a su mascota que será capaz de ajustarle la comida convenientemente, pero si tiene dudas en cómo alimentar a su Bichon Maltés anciano, el veterinario podrá guiarle en la dirección correcta.

## ALIMENTACIÓN DEL BICHON MALTÉS

### Resumen

■ Elija una buena comida apropiada para la edad, talla y nivel de actividad del Bichon Maltés. Los fabricantes elaboran alimentos caninos específicamente preparados para cada etapa de la vida perruna.

■ A los Malteses les va mejor con las comidas de gránulos pequeños debido a sus bocas y dientes diminutos.

■ No se propase con las golosinas, evite las sobras de la mesa y reconozca qué comidas humanas son tóxicas para los perros.

■ El agua es también un componente esencial en la dieta del perro.

■ El criador y el veterinario podrán aconsejarle cómo hacer los cambios de dieta a lo largo de la vida de su perro, incluyendo las cantidades, horarios y tipo de alimento.

## Acicalado del Bichon Maltés

**E**sta raza que tan cuidadosamente ha elegido, tiene un blanco y largo pelaje que alcanza el suelo, pelaje que tendrá que atender para mantenerlo en óptimas condiciones.

Por eso el acicalado desempeñará un papel cada vez más grande dentro de su vida.

Algunos dueños de mascotas prefieren mantener a sus Malteses con el pelo corto, tal vez con la ayuda de un peluquero canino profesional. El corte de mascota requiere visitar al peluquero cada seis u ocho semanas, y una atención esmerada entre un corte y otro. Aun así, necesitará emplear tiempo para acicalar al Bichon Maltés. Aunque el corte de mascota consume mucho menos tiempo, no reduce la importancia de acicalar al perro.

### Cuidado sistemático del pelaje

El pelo de su Bichon Maltés, sea largo o corto, es necesario acostumbrarlo al acicalado desde bien pequeño. A partir de los

Para que el cachorro llegue a desarrollar una asociación positiva con el acicalado, es conveniente utilizar un cepillo suave y cepillarle con suavidad el pelaje durante algunos minutos todos los días.

tres o cuatro primeros días que pasa con usted, debe dedicar algunos minutos diarios a enseñar al cachorro cómo mantenerse parado sobre una mesa firme y aceptar que se le cepille muy gentilmente con un cepillo suave. Cuando se haya acostumbrado a estar de pie enséñele a acostarse de lado porque, cuando tenga el pelo largo, verá que es más fácil acicalarlo y alcanzar los lugares más difíciles en esta posición.

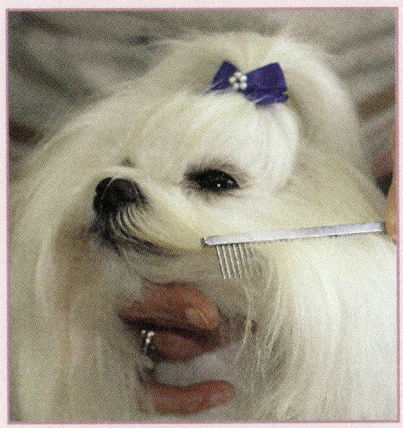

Los largos flecos de la cara hay que peinarlos con suavidad porque se trata de una zona sensible.

Las sesiones de acicalado se irán haciendo más largas a medida que el pelaje del perro se desarrolle. Debe asegurarse de mantener limpio el equipo de acicalado para que el pelo no se enganche en él. De igual modo, asegúrese de usar un peine al que no le falten dientes porque puede dañar el pelo del perro e, incluso, alcanzarle la piel.

A los perros de exposición se les suele bañar antes de cada evento, pero los Malteses mascotas pueden bañarse con menos frecuencia. En cualquier caso, siempre hay que acicalarles el pelo antes del baño. Compruebe la temperatura del agua con el dorso de la mano antes

El pelaje del Bichon Maltés debe recortarse al nivel del suelo. Puede guiarse por el borde de la mesa de acicalado para recortar el pelo a la altura deseada y en línea recta.

de colocar al perro en la tina. Después de mojarle el pelaje aplique el champú más como si estuviera acariciando al perro que estregándolo, así evitará la formación de nudos. Elija un champú especialmente concebido para perros de capas blancas y aclárelo completamente antes de aplicar el acondicionador, que también deberá eliminar íntegramente.

Siempre use champúes y acondicionadores caninos y no los que se fabrican para las personas, aunque es posible usar uno para bebés en la cabeza del perro a fin de evitarle irritaciones en los ojos. Cuando le seque el pelo con la toalla, antes de usar el secador, no lo frote, más bien apriete la toalla contra el pelo, también para evitar nudos.

Cuando esté secando al perro, deberá irle acicalando el pelo. Si deja simplemente que se seque solo, o usa el secador sin cepillarlo, el resultado será un perro desgreñado. Para obtener el mejor efecto, debe trabajar sistemáticamente cada área a su turno, dejando el resto envuelto en la toalla húmeda

hasta secarlo con el secador. A muchos perros no les gusta el aire caliente en la cara, así que téngalo en cuenta al secar el suyo.

Cuando se acicala al Bichon Maltés, sin bañarlo, es importante usar un acondicionador en forma de spray, o por lo menos agua en spray. Si acicala el pelaje completamente seco, se corre el riesgo de romper las puntas del pelo. Se debe aplicar una buena cantidad de spray acondicionador o antinudos a cada enredo. Déjelo actuar durante algunos minutos y entonces tire cuidadosamente del nudo de adentro hacia fuera, usando los dedos o un peine de dientes separados.

Tendrá que recortar cuidadosamente todo el pelo que cubre las almohadillas plantares para que no se formen motas en los pies. También, si el perro es macho, habrá que recortar un poco el pelo largo que le crece en los genitales a fin de que se sienta más cómodo, pero sólo un poco porque de lo contrario le provocaría una irritación.

A medida que el Bichon Maltés se desarrolle, los flecos de la cabeza irán creciendo. Es necesario adiestrar al cachorro para que se mantenga quieto mientras se le arregla el pelo de la cabeza y se le hace un moño. Hay varias maneras de presentar los flecos de la cabeza, pue-

punto inmediatamente anterior al borde de las orejas. Se traza una línea atravesando el cráneo y entonces se liga el pelo con la ayuda de un pequeño elástico dental, nunca demasiado apretado.

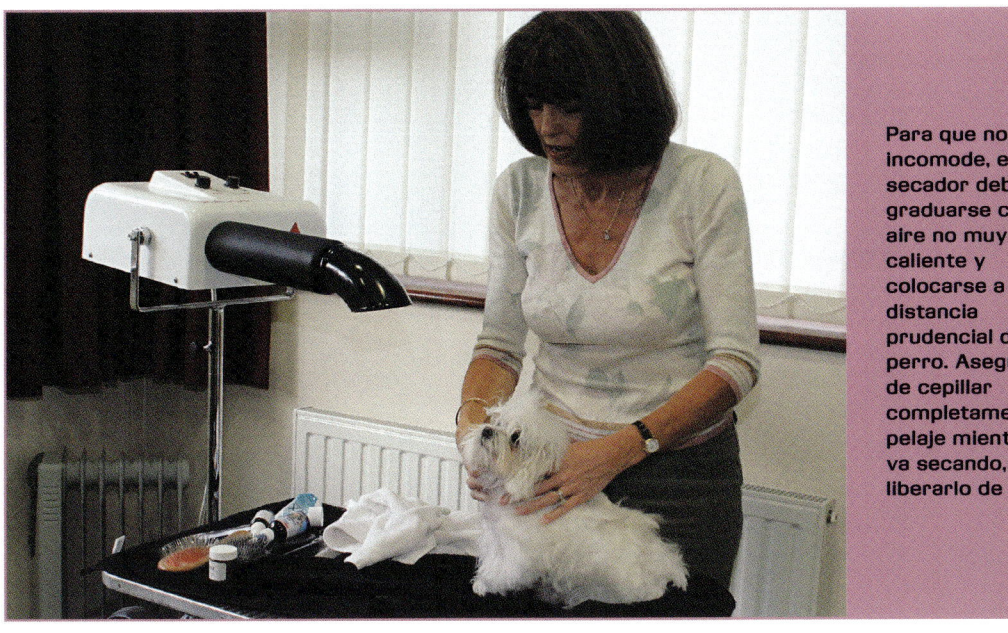

Para que no le incomode, el secador debe graduarse con el aire no muy caliente y colocarse a una distancia prudencial del perro. Asegúrese de cepillar completamente el pelaje mientras lo va secando, para liberarlo de nudos.

de ser recogiéndolos en uno o dos moños. Después de cepillar hacia arriba el pelo que crece encima de los ojos, se usa la punta del peine para trazar una línea desde la comisura externa de cada uno de ellos hasta el

Para hacer dos moños se parte el pelo con una línea entre los ojos, y se hace uno en cada mitad. Los Malteses se ven muy dulces cuando se les da el toque final a los moños atándoles un lacito. Cuando vaya a cambiar el elástico del moño no tire de él, córtelo, teniendo mucho cuidado de no cortar el pelo.

Otro importante toque final se le da partiendo el pelo desde detrás del moño hasta la cola. Muchos Malteses tienen el lamentable hábito de sacudirse cuando se les ha terminado de acicalar pero, si se parte bien el pelo, es más fácil que vuelva a su lugar.

Para evitar que el pelo se ensucie cuando el perro está comiendo, algunos dueños les atan cintas a los lados de la cara y así evitan que se les introduzca den-

**Es ciertamente útil adiestrar al Bichon Maltés para que permanezca echado de costado mientras se le acicala porque esta posición permite acceder a las áreas más difíciles, como las axilas, donde el pelo es tan propenso a enredarse.**

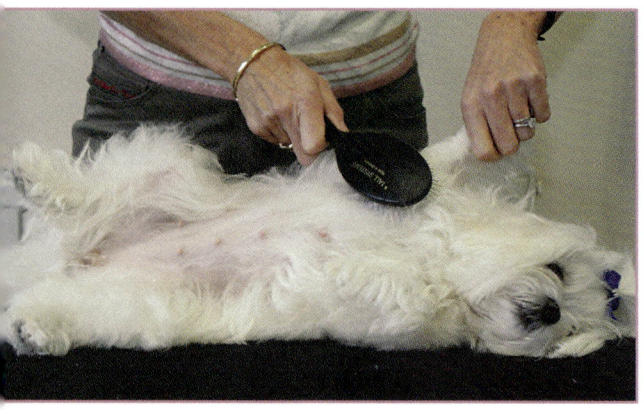

tro de la comida. Del mismo modo, los dueños de perros de exposición suelen recogerles el pelo de la parte posterior de las patas traseras para evitar que se les ensucie cuando defecan.

## Empaquetado

El empaquetado es todo un arte. Si no se hace bien, puede hacer más daño que bien al pelaje. Es vital recibir adiestramiento profesional de un peluquero experimentado antes de intentar este procedimiento.

En esencia, el empaquetado es el proceso mediante el cual se aceita el pelaje y luego se empaqueta con papel o plástico en pequeños mechones y se asegura con una banda elástica. Hay que abrir cada paquete un día sí y un día no, o cada dos días, para poder cepillar el pelo completamente antes de reempaquetarlo. Como puede apreciar, se trata de una tarea que requiere mucho tiempo, y por eso sólo la llevan a cabo los aficionados auténticamente consagrados al Bichon Maltés.

## Orejas y ojos

Al Bichon Maltés le crece pelo dentro de las orejas, pelo que será necesario eliminar cuidadosamente, ya sea con la ayuda de unas pinzas romas o con la punta de los dedos. Si se extraen sólo algunos pelos cada vez, al perro no le duele.

Las orejas deben mantenerse limpias, y para limpiarlas puede usar una mota o un bastoncillo de algodón, así como un limpiador auricular especial, ya sea en polvo o en líquido. Siempre tenga extremo cuidado de no profundizar mucho dentro del canal del oído porque podría dañarlo.

Si su perro ha estado sacudiendo la cabeza o rascándose las orejas, puede que tenga una infección o ácaros de los oídos. Cualquier secreción espesa de color pardo o mal olor puede también ser indicio de problemas, así que consulte al veterinario inmediatamente.

También es necesario mantener limpia el área alrededor de los ojos. Si no se arregla bien el pelo que está en torno a los ojos, se facilitará la acumulación de una secreción viscosa que será necesario eliminar con sumo cuidado. Si se des-

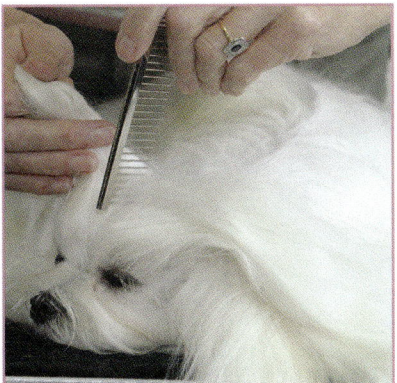

Se parte el pelo en mitad de la cabeza para separarlo en dos secciones y hacer dos moños.

Moño doble terminado, recogido con elásticos dentales.

Para aguantar el moño simple puede usar ligas y luego dar el toque final con lacitos.

cuida, no sólo se sentirá incómodo el perro, sino que puede resultarle irritante para los ojos. En las tiendas para mascotas se venden fórmulas para eliminar las manchas causadas por las lágrimas.

Ante cualquier señal de magulladura en el ojo, o si éste se pone azul, es imperativo acudir inmediatamente al veterinario. Los problemas oculares tratados rápidamente pueden tener solu-

ción en muchos casos, pero si se abandonan pueden conducir a la pérdida de la visión.

### Uñas

Las uñas hay que mantenerlas cortadas; la frecuencia depende de la superficie por donde el perro camine.

Las uñas de aquellos que viven sobre todo pisando alfombras o hierba necesitan mayor atención que los que corren o pasean regularmente sobre superficies duras.

Desde la más tierna edad debe acostumbrar a su Bichon Maltés al corte de uñas porque en esta raza es importante que no se enganchen en el manto. Tenga mucho cuidado de no cortar el vaso sanguíneo que corre en el interior de la uña

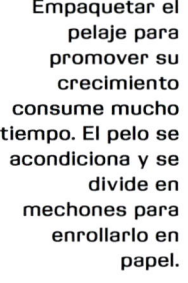

Empaquetar el pelaje para promover su crecimiento consume mucho tiempo. El pelo se acondiciona y se divide en mechones para enrollarlo en papel.

Cada mechón envuelto se enrolla en un paquete y se asegura con una liga, tal como se ve en la foto.

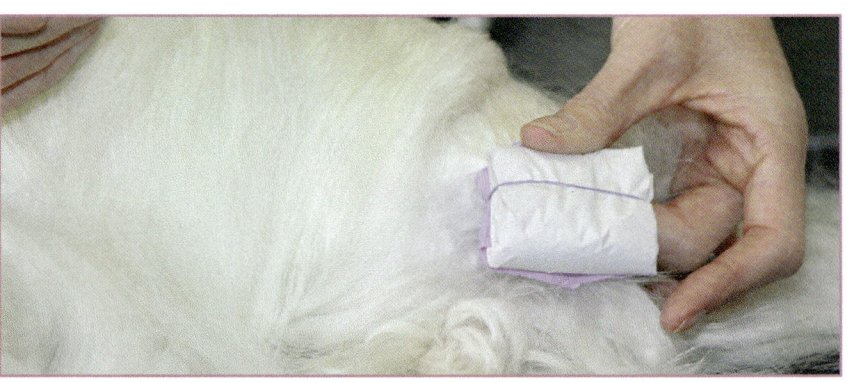

porque duele. Es sensato tener a mano un lápiz o polvo estíptico en caso de que ocurra un accidente. Para evitarlo, lo mejor es cortar sólo una pequeña fracción de la uña en cada ocasión.

## Glándulas anales

Las glándulas anales del perro se encuentran a ambos lados del orificio anal. A veces se congestionan y necesitan ser evacuadas. Los criadores experimentados lo hacen por sí mismos, pero los dueños de mascotas deberían dejárselo al veterinario porque pueden dañarlas y no siempre es necesario exprimirlas.

## ACICALADO DEL BICHON MALTÉS

### Resumen

■ Tener un Bichon Maltés significa contraer el compromiso de acicalarlo durante toda la vida.

■ Los perros de exposición deben mantenerse con su pelaje completo. Los dueños de mascotas pueden optar por tenerlos así o por hacerles el corte de mascota, que es más fácil de mantener aunque no deja de requerir atención.

■ Es mejor acicalar al perro sobre una mesa de acicalado firme.

■ Se baña al perro cuando sea necesario o de acuerdo con el programa de exposiciones que tenga por delante.

■ El dueño aprenderá fácilmente a hacer el moño del Bichon Maltés, pero el empaquetado es un arte que requiere conocimiento y práctica.

■ El acicalado incluye también el cuidado de orejas, ojos, uñas y glándulas anales.

Cómo mantener activo
al Bichon Maltés

# A unque se le llama «perro de juguete», al Bichon Maltés le gusta llevar un estilo de vida activo.

El juego con sus dueños no sólo le ayuda a mantener alerta su inteligente cerebro sino que le produce un gran disfrute. Si se tienen juntos dos o más Malteses, se entretendrán jugando, y verlos hará las delicias de sus amos. Claro que el Bichon Maltés aprecia también que su dueño lo lleve de paseo, porque es su gran oportunidad de investigar lugares y olores nuevos, y mantener sus sentidos despiertos.

La mayoría de los Malteses, cuando están adiestrados, son bastante obedientes aun sin correa, pero los dueños no deben olvidar nunca que a una raza tan pequeña como esta pueden sobrevenirle accidentes del mero encuentro con perros desconocidos más grandes y pesados. Los que mantienen a sus Malteses con el pelo largo también pueden ejercitarlos libremente,

La mejor manera de mantener activo al Bichon Maltés es icompartiendo actividades con él! Todos los miembros de la familia pueden jugar con el perro.

pero es vital eliminarles la suciedad del pelaje después de una carrera para evitar la formación de nudos y enredos. Como el manto del Bichon Maltés alcanza el suelo, también es muy importante no dejarlo mojado después de ejercitarlo en terrenos húmedos. Obviamente, si su Bichon Maltés está asistiendo a exposiciones, debe considerar seriamente el área donde lo ejercita.

Los Malteses que son únicamente mascotas deben disfrutar, por lo menos, de un paseo diario, pero si tienen más compañía canina o un jardín grande con valla donde poder ejercitarse, podrían contentarse con pasear con menos frecuencia.

Numerosos Malteses participan del trabajo de terapia visitando asilos y hospitales para reunirse y saludar con sus mimos a los residentes. El conveniente tamaño e inspirador encanto del Bichon Maltés hacen que los pacientes de los hospitales, y los ancianos, esperen con entusiasmo su visita. Tampoco es ajeno al Bichon Maltés desempeñarse como perro escucha para personas sor-

Proporcione juguetes interesantes a su Bichon Maltés y verá como juega solo.

¡Día de triunfos en el ring! Las exposiciones caninas son una actividad popular entre los criadores de Malteses, ya sea porque tengan sus perros inscritos en ellas o porque sólo asistan para deleitarse con estas bellezas de sedoso pelo deslizándose por el ring.

das. Se trata de perros especial-mente adiestrados para escuchar sonidos como el del teléfono y el timbre de la puerta, gran ayuda para los dueños que no pueden oír.

Algunos Malteses toman parte en competencias de obediencia y, por tratarse de una raza en extremo activa, pueden pasarla muy bien compitiendo en el circuito de Agility, tan divertido para perros y dueños.

Es una delicia ver al diminuto Bichon Maltés maniobrando a través de los pequeños obstáculos del circuito. Por suerte, las razas pequeñas, como el Bichon Maltés, no tienen que competir con las grandes, ¡como el Border Collie!

Aunque su Bichon Maltés no participe en ninguna de estas actividades, usted puede disfrutar con él durante horas interminables. Cuando no está durmiendo

**La elegante confianza del Bichon Maltés en el ring haría feliz a cualquier presentador que tuviera que exhibir a esta raza suntuosa por naturaleza.**

o relajándose, lo que hace con exquisitez, disfruta con sus juguetes, ésos que usted habrá escogido para él por ser seguros e inofensivos. No olvide nunca que los juguetes hay que revisarlos sistemáticamente para evitar que las partes desprendidas vayan a provocar accidentes. Debido a la pequeñez de su cuerpo y de sus dientes, los juguetes diseñados para que los perros forcejeen no son adecuados para esta raza.

## CÓMO MANTENER ACTIVO AL BICHON MALTÉS

### Resumen

■ El Bichon Maltés es un perro miniatura, pero mucho más que un mero faldero, por eso disfruta de las actividades con su dueño.

■ Los juegos alrededor de la casa y los paseos son buenas maneras de ejercitar al Bichon Maltés y de estrechar los lazos entre dueño y perro.

■ El trabajo de terapia es idóneo para el Bichon Maltés, cuya belleza y dulzura animan el día de cualquiera. También puede adiestrársele para trabajar como asistente.

■ La pequeñez del Bichon Maltés no lo limita para competir en Obediencia y Agility. Su inteligencia y energía lo capacitan para ganar.

■ Está de más decir que el Bichon Maltés disfruta con fruición los momentos tranquilos y relajantes que pasa en casa con su gente favorita

**I**r al veterinario puede hacer que cualquier perro se muestre aprensivo, y si además no es una visita de rutina, probablemente se sentirá también indispuesto.

Para inspirarle confianza manténgalo sobre su regazo mientras permanece en la sala de espera, y háblele para que le ayude a relajarse.

Aunque el Bichon Maltés debe estar siempre acicalado, cuando lo lleve al veterinario para un reconocimiento o para vacunarlo, asegúrese de que tenga el pelo limpio: es un gesto de cortesía hacia el doctor. Claro que si se presenta una crisis debe acudir rápidamente al veterinario, ya que se trata de una urgencia. No vaya a perder tiempo acicalando al perro: el veterinario entenderá y el tiempo puede ser decisivo.

Es aconsejable establecer contacto con el veterinario desde el primer momento, en parte para ir estableciendo una

Una de las primeras cosas que harán juntos usted y el cachorro será ir al veterinario. Es posible que se le tenga que vacunar enseguida, pero aun así necesitará un reconocimiento general y una cita para cuando le toque su próxima vacuna.

relación con vistas a futuras visitas. Está claro que si el cachorro no tiene puestas todas sus vacunas, tendrá que llevarlo al doctor, pero es aconsejable también que le someta a un reconocimiento general veterinario a los pocos días de haberlo traído a casa.

Si no tiene todavía un veterinario, elija cuidadosamente. Es preferible que alguna persona que tenga perros y cuya opinión le merezca confianza le recomiende uno. También es importante el lugar de la consulta porque en caso de emergencia debe poder llevar al perro rápidamente, y el veterinario ha de ser capaz de responder con la misma premura cuando sea necesario. Si vive en un área rural, por favor, asegúrese de escoger un veterinario acostumbrado a tratar animales pequeños, específicamente razas miniatura. Muchos tienen gran experiencia con animales de granja pero poca con perros, algo que algunos dueños han tenido que aprender a costa de mucho dolor.

El precioso pelaje del Bichon Maltés no se produce por generación espontánea. La calidad del manto es un reflejo directo de la salud general, la nutrición y el cuidado que se le dé al perro.

El buen criador se asegura que sus cachorros tengan el más saludable de los comienzos en la vida, criando sólo perros sanos y correctos, que hayan pasado con éxito las pruebas que detectan desórdenes hereditarios.

## Vacunas

Las vacunaciones de rutina variarán ligeramente en función del lugar donde viva usted y del tipo de vacuna que esté utilizando su veterinario. Él le avisará exactamente el momento en que pueda ejercitar a su perro en áreas públicas, después de haber completado el ciclo de vacunación y reactivación. En la actualidad, muchos veterinarios envían recordatorios de las reactivaciones a los dueños pero aun así usted debe anotar las fechas en su calendario para garantizar que el cachorro no falte a la consulta. Si se le pasa, probablemente será necesario comenzar el programa de vacunación otra vez desde el principio. Si va al veterinario por primera vez para comenzar el programa de

Esta minijauría de Malteses disfruta de su mutua compañia. Algunas personas consideran que cuando hay más de una mascota en la casa los perros son menos propensos a experimentar ansiedad por separación, ya que siempre tienen un amigo cerca.

vacunación del cachorro, no le permita entrar en estrecho contacto con los otros perros que están en la sala de espera ¡y mucho menos con el suelo del lugar!

Algunas personas prefieren no someter a sus animales a las vacunas de rutina y optan por la alternativa homeopática. Es un procedimiento que requiere ser llevado al pie de la letra, de modo que usted debe dejarse guiar por un veterinario que también practique la homeopatía. Tenga presente, igualmente, que será difícil aceptar una guardería que ad-

El Bichon Maltés sano tiene los ojos chispeantes, el pelaje lustroso y el porte alerta. Llegará a conocer tan bien a su Bichon Maltés que será capaz de detectar cualquier señal de indisposición.

mita un perro sin el certificado de vacunación convencional.

## Cuidados preventivos

Si el cachorro proviene de un criador verdaderamente dedicado, no sólo la camada habrá recibido todos los cuidados, sino también la madre. A ella le habrán hecho reconocimientos médicos, le habrán reactivado sus vacunas y la habrán desparasitado. Todo ello le será de provecho a los cachorros y le

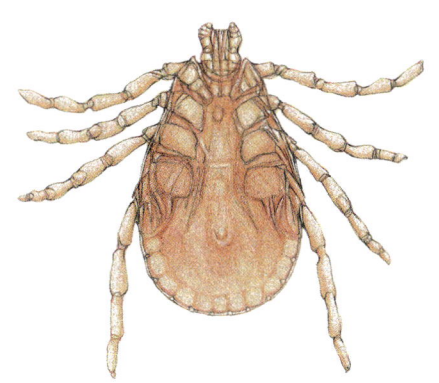

Las garrapatas pueden ser especialmente difíciles de detectar en los perros de pelo largo, como el Bichon Maltés.

proporcionará mayor inmunidad.

También es de gran importancia que antes de la monta los progenitores hayan sido sometidos a todas las pruebas recomendadas para detectar anormalidades hereditarias. Esté convencido de que un criador genuinamente cuidadoso sólo cría con perras sanas y correctas y selecciona sementales de calidad similar.

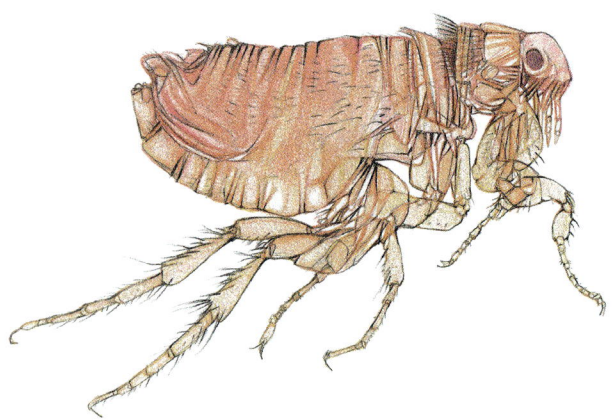

Hoy día existen muchos efectivos productos antipulgas que permiten su control sistemático.

### Exámenes físicos

Cuando el Bichon Maltés, ya adulto, vaya al veterinario una vez al año para que le reactiven sus vacunas, el veterinario le hará también un examen físico general, que incluye chequeo del corazón y de los dientes (si es necesario, se los limpiará). Puede que le extraigan sangre para hacerle análisis. El veterinario también le revisará los oídos, la trufa, los ojos, el pelo, la piel, las glándulas anales, etc. Si está acicalando al Bichon Maltés con regularidad, confiará en que el cuerpo y los signos vitales de su perro no presentarán anormalidades, ya que continuamente lo examina con sus propias manos. Y claro, en caso de haber detectado algo raro, lo habría informado al veterinario.

### Esterilización

Esterilizar o no a la perra es decisión personal del dueño, pero no algo que deba emprenderse sin razones suficientes. En cualquier caso, por favor, no permita nunca que el veterinario la esterilice antes del primer celo. Se recomienda aprovechar los periodos entre un celo y otro.

Si decide esterilizar al macho, o a la hembra, tendrá que dedicar especial atención al subsecuente control del peso, admi-

Para garantizar que el tiempo al aire libre del Bichon Maltés sea seguro y feliz debe protegerlo contra los golpes de calor, las plantas tóxicas, los elementos alergénicos y los insectos.

nistrando su dieta y ejercicio. En algunos casos, es más fácil lidiar con un macho agresivo y en extremo dominante después de la esterilización, pero no siempre es así.

Obviamente, existen algunas razones de salud que requieren

cirugía, particularmente la pio-metra, que suele requerir extir-par los ovarios de la hembra. En el caso de un macho con uno o ningún testículo descendido en el escroto, puede que su veteri-nario le recomiende la castración para prevenir la aparición de cáncer. Analice con él todos los aspectos de este procedimiento.

## EL BICHON MALTÉS Y EL VETERINARIO

### Resumen

■ Haga que su Bichon Maltés se sienta lo más cómodo posible cuando vaya al veterinario.

■ Elija el veterinario con cuidado; si es posible, escuche recomendaciones. Siéntase satisfecho con la clínica y con la experiencia que muestre el veterinario en el tratamiento de las razas miniatura.

■ El veterinario continuará el programa de vacunación allí donde lo dejó el criador.

■ Cuando proviene de padres sanos el cachorro de Bichon Maltés empieza su vida con las mejores perspectivas.

■ El adulto sano irá a la consulta veterinaria una vez al año para que lo sometan a un examen físico general.

■ Algunos de los aspectos que debe analizar con el veterinario son el control de los parásitos y los pros y contras de la esterilización.

■ Conozca bien a su Bichon Maltés y así podrá reconocer los signos de enfermedad que le estén diciendo a las claras que es hora de llevarlo al veterinario.